上市公司流动性影响因素研究

RESEARCH ON INFLUENCE FACTORS OF LISTED COMPANY LIQUIDITY

陈霞 ◎ 著

西南财经大学出版社
SOUTHWESTERN UNIVERSITY OF FINANCE & ECONOMICS PRESS

图书在版编目(CIP)数据

上市公司流动性影响因素研究/陈霞著. —成都:西南财经大学出版社,2012.9
ISBN 978 -7 -5504 -0849 -4

Ⅰ.①上… Ⅱ.①陈… Ⅲ.①上市公司—影响因素—研究 Ⅳ.①F276

中国版本图书馆 CIP 数据核字(2012)第 217671 号

上市公司流动性影响因素研究

陈 霞 著

责任编辑:杨 琳
封面设计:大 涛
责任印制:封俊川

出版发行	西南财经大学出版社(四川省成都市光华村街 55 号)
网　　址	http://www.bookcj.com
电子邮件	bookcj@foxmail.com
邮政编码	610074
电　　话	028 -87353785　87352368
照　　排	四川胜翔数码印务设计有限公司
印　　刷	郫县犀浦印刷厂
成品尺寸	148mm × 210mm
印　　张	8.375
字　　数	200 千字
版　　次	2012 年 9 月第 1 版
印　　次	2012 年 9 月第 1 次印刷
书　　号	ISBN 978 -7 -5504 -0849 -4
定　　价	28.00 元

序

在市场环境、金融环境变幻莫测，资本市场暗流涌动的背景下，如果问上市公司发展中最担心什么问题，最为集中的答案就是安全性与可持续发展。对安全性的担心与恐惧，一方面源于对外部各种环境要素的不可预测与把握，如政治风险、制度风险、市场风险、资源风险等；另一方面源于对公司内部风险及应对措施与能力的怀疑，两者不可偏废。“打铁尚须自身硬”，有效地控制、防范、抵御、规避风险的关键，还在于要建立和完善有效的内部控制和全面风险管理体系，提高自身应对风险的能力与水平。

陈霞博士的专著《上市公司流动性影响因素研究》，基于企业内部控制研究背景，以所有者财务理论为研究视角，在详细分析上市公司流动性风险的基础上，提出上市公司流动性是其生命力之所在的观点，以此展开对上市公司流动性问题的研究，旨在告诫上市公司流动性管理与风险防范要多疏少堵，未雨绸缪。作者分析了中国上市公司流动性的持有动机，提出了公司流动性分层理论和评价指标，从宏观因素、行业因素和企业内部特征因素三个层面对公司流动性影响因素及其作用机理进行了较为深入系统的定性和定量研究。本书在上市公司流动性问题的研究上做出了创新性贡献：一是提出了公司流动性分层理论，从绝对流动性、相对流动性、综合流动性和完全流动性四个纵向层次对公司流动性的内涵进行了重新界定和分类研究；二是将上市公司流动性持有动机与制度环境、控制权、公司治理、稳健经营、投资需求、风险防范等有机地结合起来，提出上市公司流动性持有动机具有多元性特征的观点，论证了资产结构、营运资金管理效率、经营现金流、成长性对公司流动性有显著影响；三是提出了宏观因素对上市公司流动性的整体趋势和总体状态分布会产生影响；四是提出了流动性因行业特征、竞争程度不同而存在差异；五是根据分层理论提出了建立健全流动性管理体系和预警机制的研究框架与模式。这一研究成果具有积极的理论与实用价值，揭示了上市公司流动性影响因素与流动性风险的内在机理与传导机制，是对流动性研究课题的新发展，有助于拓展对上市公司流动性的理解与思考，有助于上市公司流动性管理的操作，可为财务理论研究与实践操作提供有益的帮助。

纵观陈霞博士的研究成果，可以感受到其研究的视野开阔，视角新颖，逻辑严谨，立意深远，体现了其较高的理论水平与创新能力。

目前金融界对宏观流动性的研究成果丰硕。由于我国破产法存在威慑力和执行力的问题，学术界对企业层面流动性的研究较为薄弱，大多局限于财务分析方面。本书系统地研究了企业财务的流动性，丰富和完善了财务分析理论，具有较大的理论意义，对于企业加强资金结构安排、防范流动性危机和支付风险也具有重要的实践指导价值。

作为陈霞博士的导师，我很高兴看到她在学术上的成长。在这一项颇有价值的研究成果《上市公司流动性影响因素研究》出版之际，我向她表示祝贺；同时希望她今后能再接再厉，不断有创新性的成果发表、出版和获奖，取得更加突出的成绩。

是为序。

干胜道

2012年8月于四川大学

摘　要

水量太少则活力匮乏，水量过多则容易失去控制约束，造成溃堤泛滥，这一道理同样适合于企业。由于资本市场的不完善，公司遇到流动性需求时并不能很容易地筹集到所需的资金，为避免无法支付经营性需求和偿债需求带来的“血栓性”危险，以及缺乏投资资金导致的发展良机丧失，持有一定的流动性就显得非常重要。但是，如果保持过剩的流动性储备，使大量资金表现在现金和有价证券等流动性很强的资产上，就会造成资金的高成本低效率、实际控制人侵占等局面，影响企业价值最大化目标的实现。目前对公司流动性的研究大多单独针对资产变现性和负债清偿性，以及公司流动性和成长性、收益性、资本结构、公司治理等的关系，缺乏对公司流动性影响因素的系统研究。

本书以所有者财务理论作为研究视角，基于股东利益而非债权人利益、经营者利益来分析公司流动性，对中国上市公司流动性影响因素进行系统研究，旨在梳理影响上市公司流动性的因素及其作用机理，使其在管理中能做到有的放矢，选择切实有效、科学合理的流动性管理控制措施，保持适度的流动性储备水平，推进上市公司的可持续发展。

现实资本市场的不完善导致外部资金和内部资金不能完美替代，从而使得公司保持适度流动性的价值凸显。委托代理理论和自由现金流量理论从管理者自利和控股股东自利的角度解释了公司持有较高流动性的原因；权衡理论则认为公司持有流动性是在对负债收益与负债成本权衡后的一个副产品；优序融资理论和信息不对称理论从公司经理人和投资者信息不对称对公司在资本市场融资的影响角度，解释了企业为避免“融资约束”而储备流动性；所有者财务理论中，流动性储备是经营者增加自身效用与所有者“获得长久而持续的资本收益”目标相互博弈的结果。

相关文献和理论的研究是公司流动性影响因素研究的理论基石，在此基础上，本书把公司流动性定义为公司通过经营活动、投资活动创造现金和外部融资筹集资金来随时满足企业所有现金支付需求的能力。公司流动性取决于现金来源和支付现金需求的比较以及满足意外现金支付需求的应急筹资能力。由此提出了公司流动性分层理论，从绝对流动性、相对流动性、综合流动性和完全流动性四个纵向层次对公司流动性内涵进行梳理和分类研究。在公司流动性定义和分层理论的基础上，考虑了综合性、有效性、一致性、便利性等原则，选取现金流量充分性比率和经营现金净流量与流动负债比率作为实证研究中的公司流动性评价指标。

公司流动性初始持有动机揭示了我国上市公司持有流动性的初始诱因，传统意义的“交易性动机”、“投资性动机”和“谨慎性动机”说明了我国上市公司持有流动性储备也是基于避免流动性危机、维护公司正常经营发展的需要；而我国部分上市公司高额现金的存在则是现代企业制度下“代理人事实控制动机”和“自利性动机”的体现。除此之外，“制度寻租动机”则是我国资本市场不完善、法律法规不健全而衍生的“中国特色”。

在后续影响因素的研究中，笔者本着由表及里、由外到内的分析顺序，对宏观因素、行业因素、企业内部特征因素逐步深入分析讨论。在规范研究各类因素对公司流动性的影响之后，通过实证分析佐证规范研究的结果，检验提出的理论假设，梳理了各类因素对公司流动性产生影响的途径和作用机理。主要研究结论如下：

（1）宏观因素对上市公司流动性水平的影响主要体现在对整体流动性趋势和总体状态分布方面。国家财政政策、货币政策和信贷政策相辅相成，调整企业税负和扶持政策，调节货币供应量、信贷规模和信贷投向等，通过影响企业利润分配、融资渠道和资本结构对公司流动性产生影响；证券市场的完善程度通过交易机制、信息透明度等影响公司的投资组合和筹资选择；股票市场冷热变化直接影响上市公司股票的价格，影响企业的融资金额和融资选择，企业当前的资本结构实际上是对证券市场变化做出反应的累积结果（Baker and Wurgler，2002）。采用时序变动的单一指标分析和多指标比较分析方法，对上市公司总体流动性水平状况的研究表明，我国上市公司的总体流动性水平在各年间存在明显波动，2003 年至 2007 年之间整体呈现先降后升的过程，在 2006 年出现一个波谷。这一研究结果佐证了宏观因素对公司流动性影响的规范研究。

（2）公司流动性因所处的行业特征、行业竞争程度和行业风险不同而出现行业差异。行业特征通过行业盈利能力、行业销售模式和资金回笼方式影响公司流动性，而行业竞争程度则通过资本结构、对管理者的破产威胁等影响公司流动性。行业风险决定不同行业公司面临的破产威胁不同，为规避预期财务拮据成本和破产成本而持有的流动性就存在差异。对各行业横向静态比较分析的实证研究表明，公司流动性存在显著的行业差异。相比较而言，交通运输仓储业在观测期内的流动性水平较为稳定，而且行业流动性水平也较高。对各行业的纵向时序变化分析表明，大多数行业的流动性变化都符合总体变化趋势，其中综合类、批发和零售贸易业、制造业属于变化较小的行业，而采掘业、建筑业和传播与文化产业则属于变化较大的行业。

(3) 在企业内部影响因素的分析中，基于公司价值理论框架，从资产负债表因素、利润表因素、现金流量表因素、公司治理因素、财务行为因素、公司外部特征因素等制度与非制度性因素进行多角度分析研究。企业内部因素对流动性持有水平起着关键作用，除了自身直接作用于公司流动性外，许多外部因素也通过内部因素的传导而影响着公司的流动性决策。理论分析和实证研究结果表明：①资产配置结构和营运资金管理效率对公司流动性有显著的正向影响，保守型资产配置结构的流动性要优于扩张型资产配置结构。营运资金管理效率高的企业流动性较为适度。②经营现金流是公司流动性储备的主要来源，盈利能力稳定的公司现金流较为平稳，不需要持有太多的应急流动性储备。③成长性对公司流动性也有显著的正向影响。成长性好的公司会在内部积累资金，保持较高的流动性以应对项目资金支出需求，避免被迫放弃好的投资机会。④有息负债和现金股利迫使管理者“吐出”现金，对公司流动性的影响是显著反向的。上市公司可以利用这种反向关系来调节流动性水平。⑤管理层持股、股权集中度和是否进行股权融资等因素对公司流动性的影响与预期方向一致，但没有得到数据的显著性支持。

上市公司要保持适度的流动性以促进其健康可持续发展，需要根据影响因素的作用机理，在流动性分层理论的基础上，建立健全公司内部流动性管理体系和预警机制，优化协调外部客观环境，根据各类流动性影响因素的具体特点实施不同的应对措施。

关键词：公司流动性　影响因素　现金流量　营运资金　可持续发展

Abstract

Too little water has no vitality, but too much water hard to control and easy burst its banks. This is also true of corporation. The liquidity is closely related to the sustainable development of listed companies. If there are liquidity demands, funds are not easily raised on an imperfect market. Thus it is necessary for a company to hold some reserves to avoid payment crisis and chance losing of unable meeting its need for operations, liability and investment. But high degree of liquidity reserves, showing on a lot of current assets such as cash and securities, will cause a situation of high costs and low efficiency or expropriation by actual controllers. All of this will militate against the success of enterprise value maximization. Most research about corporation liquidity focused on liquidation of assets, payment of obligation and the relations with growth, profitability, capital structure and corporate governance structure. It is short of systematically research on influence factors of corporation liquidity.

This paper studies influence factors of corporation liquidity from the angle of shareholder interests not from creditor interests or manager interests. The systematically research, aiming at mechanism of influence factors, may encourage companies to develop a practical and effective and scientific and rational measures to keep moderate liquidity, and so as to promote the sustainable development of listed companies.

The imperfection of the actual capital market results in the fact that external funds can not replace the internal funds. So liquidity has value. Principle-agent theory and free-cash-flow hypothesis explain the higher liquidity from the angle of manager's self-interest and controlling-shareholder's self-interest. Trade-off hypothesis holds that liquidity is a by-product after weighing the benefit and cost of the liabilities. Pecking-order hypothesis and asymmetric information theory believe the reason for liquidity reserves in companies is to avoid "Financing constraints" . The main reason is that the company's financing in capital markets is affected by information asymmetry between managers and investors. From the point of ownership-finance-management theory, liquidity is the results of game between managers want increase their interests and owners want obtain long-term capital gains.

Based on consulting many correlative documents and theories, company liquidity is defined in this paper as an ability to meet all funding needs by cash inflow associated with operating activities, investing activities and financing activities. The degree of a company's liquidity depend on the comparison between cash inflow and outflow, as well as the ability of flexible financing of meeting emergency cash needs. This raised the theory of company liquidity hierarchies. This theory classified study the company liquidity from absolute liquidity, relative liquidity and compositive liquidity to fully liquidity. Based on the definition and hierarchies, the cash flow sufficiency ratio and the ratio of cash to current liabilities were chosen as index in principle of integration, consistency and convenience.

Holdings motivations reveal the inducement of company liquidity. Company holds liquidity reserves, on traditional motives such as transaction motive, investment motive and prudence motive, to avoid liquidity crisis and make sure the operation well. Higher degree liquidity springs from the agent-factual-control motive and self-interest motive. In addition, seek-rent is the "China characteristic" motive because of the faultiness of capital market and drawbacks of relevant laws and regulations.

In the follow-on study, Influence Factors are analyzed in depth from the outside of macroscopic factors and industry factors to the inside of firm characteristic factors. After theoretical research, this paper tested the hypothesis by empirical research. At last, the way and the mechanism how these influence factors impact liquidity were straightened out. The main conclusions of this paper are as follows:

1. The effect of macroscopic factors on company liquidity is shown on the holistic state and trend. Fiscal policy and monetary policy and credit policy, adjusting tax amount and support policy, regulating money supply and credit quota, improving credit structure, impact together on company's profit distribution, financing channels and capital structure, and ultimately impact on company liquidity. The perfection degree of security market can influence company's investment selection and financing methods through its transaction mechanism and information transparence. Bull market and bear market directly impact the stock price and company's financing amount. Actu-

ally, the current capital structure is the cumulative response to the changes of security market (Baker and Wurgler, 2002). Using single-index analysis and multi-index analysis in time-series method, this paper researches the holistic liquidity state of listed company in china. The results obviously showed fluctuation phenomenon existing in the holistic liquidity state. From 2003 to 2007, the tendency of the holistic liquidity was descend in first and ascend at last. The trough appears in 2006. This result provides evidence for the theoretical research in macroscopic factors.

2. The company liquidity has difference because of different industry character, different industry competition situation and different industry risk. Industry character influence company liquidity through earning power, sales model and funds withdrawal pattern but industry competition situation through the capital structure and bankruptcy threat. Different industry risk result difference liquidity that held to avoid financing lacking cost and bankruptcy cost. The liquidity in different industries had statistical significance by using the static contrast. In comparison, the liquidity of the transportation and storage industry was higher and stable in the observation period. Most industries´trend nearly keeps in step with the holistic trend. The fluctuation in the comprehensive industry and the wholesale and retail industry and manufacturing industry is relatively stable. There is major fluctuation in excavating industry, construction industry and information culture industry.

3. The analysis of firm characteristic factors is based on the company value framework, which includes balance sheet factors, income statement factors, cash flow statement factors, corporate governance factors, financial behavior factors and extrinsic feature factors. The

firm characteristic factors play a key role in decision making of liquidity reserves. They directly affect company liquidity; in addition, many outside factors indirectly affect company liquidity reserves through firm characteristic factors. Theoretical and empirical research shows:

(1) Both asset distribution structure and working capital management efficiency are significantly positive correlated with liquidity. Conservative asset distribution structure is superior to expansive asset distribution structure in liquidity. Those companies, which have a higher efficiency in working capital management, have moderate liquidity.

(2) Cash flow from operations is the main source of liquidity reserves. Stable earning power brings stable cash flows, so not much liquidity reserves are needed.

(3) The growth is significantly positive correlated with company liquidity. The companies that have plenty of growth opportunities would accumulate capital funds to meet its needs of investment projects. Otherwise the growth opportunities may be lost.

(4) Both interest-bearing liabilities and cash dividends have a significantly negative impact on company liquidity because they can motivate managers to disgorge cash. Companies can use this negative correlation to control liquidity.

(5) Managerial shares, concentration ratio of shares and equity financing conform to the expectation, but not statistically significant.

If listed companies want keep moderate liquidity to promote the sustainable development, they must establish and improve liquidity management system and financial alert mechanism on the mechanism of influence factors and the theory of liquidity hierarchies, maintain and coordinate the relationship between company and objective factors, and so as to take different measures in different liquidity problems.

Key words: Company Liquidity　Influence Factors　Cash Flow　Working Capital　Sustainable Development

目　录

1
绪　论

1.1 研究背景和研究意义

1.1.1 研究背景

持有流动性对任何企业都是非常重要的。由于资本市场的不完善，公司遇到流动性需求时并不能很容易地筹集到所需的资金，持有一定的流动性就显得非常必要，在证券市场不发达的国家尤其如此。流动性不足是企业倒闭的主要原因之一，过低的流动性水平使企业在经营发展过程中“捉襟见肘”的局面时常出现，甚至出现“血栓性”危险，导致企业陷入财务吃紧乃至经营难以为继的困境。轻者影响上市公司的健康顺畅运转，严重的就要出现“流动性危机”，危及上市公司的生存发展。安然公司、巨人集团、爱多 VCD 等正是因此而倒闭的。与此同时，也有很多公司因为流动性过剩而严重损害股东利益。当公司的流动性过高时，一方面，大量资金表现为流动资产或直接体现在现金和有价证券上，造成资金的高成本、低效率；另一方面，由于代理成本存在，便利于管理层做出随意性支出等对股东的侵害行为。中国南方航空委托理财和占用资金达 43 亿元①，造成了巨额资金损失就是一例。因此，公司流动性水平高低合理与否对企业的长期可持续发展非常重要。

就目前流动性的研究现状来说，针对宏观经济、证券市场和金融机构的研究非常多，而对公司流动性的研究则大多是单独针对资产的流动性（即变现性）或是负债的流动性（即清偿性）的衡量和管理。也有很多理论用于解释公司持有现金动机（现金虽然是流动性最强的资产，但不能全面代表公司的流动

① 杨海丛. 公司流动性与盈利性的关系研究［J］. 当代经济，2007（1下）：24－25.

性），如 Miller M. and Orr A.（1966）的交易动机，Myers S. C.（1977）的权衡模型，Myers S. C. and Majluf N. S.（1984）的新优序理论，Mulligan C. B.（1997）的谨慎动机和 Couderc N.（2004）提出的管理机会主义等。也有从代理理论、信息不对称、公司治理效率、股东权益保护程度等方面解释影响公司流动性持有水平原因的。现代财务理论也表明，流动性持有水平不仅受宏观经济背景的影响，而且与公司规模、成长性、资本结构、治理结构等公司特征有关。

通过对现有文献和公司案例的研究发现，全面、系统地对公司流动性影响因素进行研究，是一个亟待解决的研究方向。不同国家的公司流动性特征是不同的，同一国家不同行业的公司流动性也不同，甚至同一行业不同公司的流动性也有很大差别。作为处于发展尚不完善的证券市场中的中国上市公司，其流动性现状如何？哪些因素会影响其流动性？切入公司流动性管理的前端，理清公司流动性的影响因素，促使我国上市公司保持适度的流动性，保持公司长期可持续发展，已成为迫切需要解决的问题。

1.1.2 研究意义

中国上市公司具有特殊的环境，公司流动性影响因素复杂，既受宏观财政政策、金融政策等的影响，又受企业内部财务战略、资本结构等微观因素的影响；既有股权结构较独特、资本市场发展不平衡等客观因素，又有财务观念、公司治理等主观因素。那么，究竟是什么因素影响了中国上市公司的流动性选择？各种因素对公司流动性的影响机理和影响路径是什么？影响因素之间如何相互作用？上市公司流动性影响因素的理论和实证研究，对于促进我国上市公司保持适度的流动性，提升企业价值和推动企业可持续发展具有重要的理论和现实意义。

（1）从理论层面看，国内外对公司流动性的研究大都集中于以流动性为“因”、其他指标为“果”的研究（例如研究流动性对投资的影响、流动性对盈利性的影响等），系统研究流动性的影响因素是目前公司流动性研究的一个空白。因此，本研究不仅仅是对流动性影响因素研究的梳理，更是完善和发展了公司流动性的相关理论。

（2）从实践层面看，在我国证券市场不完善的背景下，保持适度的流动性是上市公司可持续发展的前提。很多上市公司由于理不清影响公司流动性的动因，出于对流动性危机的恐惧和认识不足，从而保持了过高的流动性或过低的流动性，要么造成资金使用效率降低，要么流动性危机四伏。因此，认清公司流动性状况和主要影响因素，对上市公司保持适度的流动性有很强的现实指导意义。

1.2 研究对象和研究目的

1.2.1 研究对象

相对于非上市公司，我国上市公司与资本市场联系紧密，所处的经济环境和经营管理比较规范，而且数据资料收集方便。所以，本研究以在沪、深证券交易所上市的非金融类上市公司为主要研究对象。

1.2.2 研究目的

基于以上分析，本书拟通过理论研究和实证检验，理清公司流动性的影响因素以及各因素对流动性的影响程度和作用机理，提出公司流动性管理的对策和建议，力图使上市公司能够根据影响因素调整流动性水平。具体研究目标在于：

（1）全面理清影响上市公司流动性的各种因素，通过理论剖析、归类研究，分析宏观因素、行业因素和公司内部因素对流动性产生影响的行为机理和方式途径。

（2）利用我国上市公司近年来的数据进行实证分析，研究上市公司整体流动性状况和行业流动性状况，检验公司内部各因素对流动性影响的方向和程度。

（3）结合上市公司实际情况提出可行性建议，使上市公司可以根据公司实际情况，因地制宜，未雨绸缪，采取合理的流动性管理控制措施。

1.3 研究内容和研究框架

本书对中国上市公司流动性影响因素进行了全面系统的研究。在对流动性及其影响因素研究进行回顾的基础上，分析了中国上市公司持有流动性的理论基础和初始动机；运用规范理论分析和实证研究的方法，分别研究了宏观经济和制度环境因素对公司流动性总体特征的影响以及行业因素造成的行业流动性差异；在公司价值理论框架内分析了公司内部特征因素对公司流动性选择的影响；最后根据理论和实证研究结果，为中国上市公司流动性水平优化、财务政策制定以及政府部门相关政策的设计等提出建设性、创新性建议。

具体而言，本研究的主要内容框架如下：

全书分为九章，第五章到第九章是本书的主体内容。

第一章绪论，阐述本书的研究背景、研究意义、研究对象和研究目的，简要叙述研究内容与结构安排、研究方法与路线，并对相关术语进行界定。

第二章对国内外有关流动性研究现状进行综述和评析，重点对公司流动性研究进行综述和评析。

第三章分析与公司流动性有关的财务理论。代理理论、权衡理论、优序融资理论、信息不对称理论、自由现金流量理论、所有者财务理论等为流动性持有和管理提供了理论基础。

第四章提出了公司流动性分层理论并对公司流动性评价指标进行介绍和选择。分层理论首次从流动性纵向层面对公司流动性的内涵进行了深层次的剖析，有利于对公司流动性的研究和评价。通过对现有流动性评价指标的归类介绍，分析不同指标的评价侧重点，确定本研究流动性评价指标选取的标准，并根据确定的标准选出公司流动性评价指标。

从第五章开始研究公司流动性持有的影响因素。

第五章从流动性持有的初始动机入手，分析研究了公司持有流动性的最初动因。我国上市公司持有流动性的初始动机既有中国特色的“制度寻租”动机，也有公司治理层面的“代理人事实控制动机”和“自利性动机”，还有传统意义上的“投资性需求动机”、“交易性支出动机”和“谨慎性动机”等。

第六章研究宏观经济因素对上市公司流动性的影响，分析我国上市公司整体流动性状况。国家财政政策、货币政策和信贷政策、股票市场变化和证券市场完善程度等均会对上市公司流动性造成影响。宏观因素对公司流动性的影响主要体现在上市公司整体流动性变化趋势和态势上，实证数据验证肯定了这一观点。

第七章分析了行业特征、行业竞争程度和行业风险等行业因素对公司持有流动性的影响。这些行业因素主要是由于行业间不同的行业结构、销售模式、生产流程、技术发展速度、行业资本结构、行业预期财务拮据成本和破产成本等，造成行业间流动性水平存在差异。行业间流动性横向静态比较表明公司流动性存在显著的行业差异。

第八章分析企业内部特征因素对上市公司流动性持有的影响。在企业内部特征因素中，主要探讨了资产结构、营运资金管理效率、负债率、盈利能力的稳健性、经营现金流、股权结构、“三会”特征、股利政策、股权融资偏好、公司成长性、公司规模等因素对公司流动性的影响。对直接影响因素的实证研究表明，除了股权结构和“三会”特征等因素对公司流动性的影响不显著外，其他因素对公司流动性均产生了显著的影响。

第九章对全书进行总结，总结研究结果并对上市公司保持适度流动性提出可行性建议和控制管理措施。

本书的研究框架如图 1.1 所示：

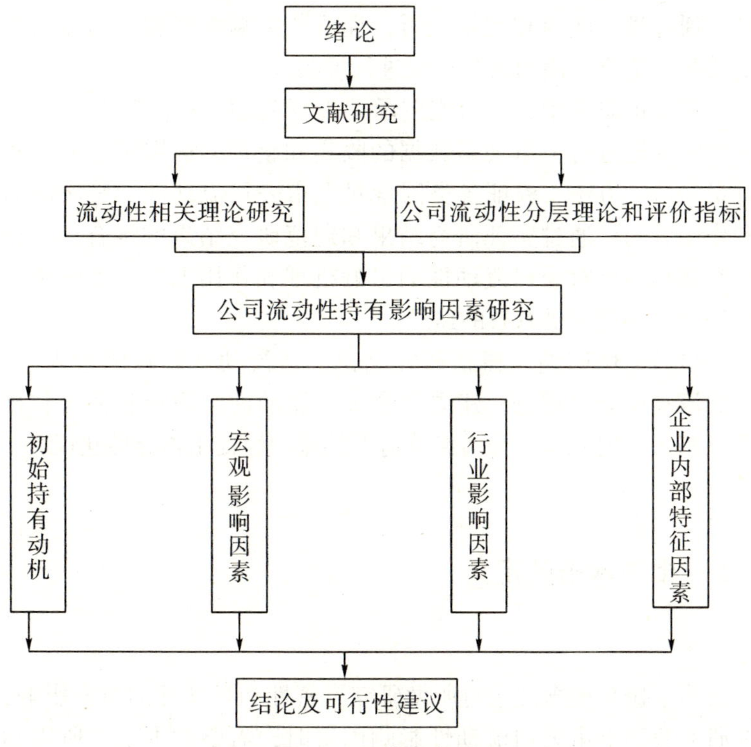

图 1.1　逻辑框架图

1.4 研究方法

本研究采用了规范研究与实证研究相结合、定性分析和定量分析相结合的两结合方法。

在规范研究中，通过对文献进行检索和阅读，对研究问题所涉及的相关文献进行系统的梳理和分析，细致、详尽地研究了以上市公司流动性影响因素为主要命题的理论可行性和突破性。通过理论演绎和逻辑分析，理清各影响因素和公司流动性的关系，适当采用图表分析法进行说明。

在实证研究中，本研究秉承“发现问题，解决问题”的研究思路，通过对上市公司数据的收集和整理，运用统计分析和计量经济学方法，验证各类因素对上市公司流动性的影响层面和作用方向。通过实证研究结果和规范研究结果的结合，理顺各类影响因素对公司流动性的影响机理和作用方向，为解决公司流动性问题提供有效的途径。

最后运用归纳法概括研究结论，从流动性影响因素入手，根据流动性分层理论，建立健全公司流动性管理控制系统和预警机制，为促使上市公司保持适度的流动性提出指导性建议。

1.5 相关术语的定义

为了避免概念混淆对所做研究严密性和科学性的负面影响，在研究我国上市公司流动性影响因素时，需要对本书中所用到的一些概念进行界定。

1.5.1 中国上市公司

根据我国《公司法》的规定，上市公司是指依法公开发行股票，其股票在证券交易所上市交易的股份有限公司。中国上市公司的概念有广义和狭义两种。广义的中国上市公司包括所有公司主要发起人在中国的上市公司，具体有 A 股和 B 股，在香港证券交易所上市交易的 H 股，在纽约证券交易所上市交易的 N 股，在新加坡证券交易所上市交易的 S 股等。狭义的中国上市公司是指在上海和深圳证券交易所上市交易的 A 股上市公司。由于不同国家或地区的证券市场发育程度等宏观经济背景不尽相同，甚至存在很大的区别，为了便利研究的开展，本书采用狭义的概念，并从中剔除了金融业上市公司，即书中所指的中国上市公司是在中国上海证券交易所和深圳证券交易所上市交易的非金融业 A 股上市公司。

1.5.2 公司流动性①

流动性的概念有多层含义，包括宏观经济流动性、证券市场的流动性、金融机构的流动性、资产流动性和公司流动性，本书主要研究公司流动性。

从现有的研究文献看，直接对公司流动性进行定义的并不多见，其中有王京芳（1992）以“公司拥有现金满足债务需要和其他急需的程度”定义的流动性，还有汪平（1995）、葛家澍和占美松（2008）对流动性构成要件的认定，以及 Gabriel Hawawini and claude viallet 用现金的循环和短期偿债能力来定义流动性等。与公司流动性相关的定义却有很多，比如 Lippman and

① 在此提出的公司流动性概念，是为了区别于宏观经济的流动性、证券市场的流动性等概念。后文如果没有特殊说明，“流动性”均指“公司流动性”。

McCall（1986）、Schwartz（1988）、范霍恩（1995）等对资产流动性的界定，茅宁（1995）对财务流动性的定义等。本书认为以上对公司流动性的定义有不足之处：其一是在流动性来源主体上，只考虑了资产的变现性，没有考虑其他的现金来源，如筹资活动和投资活动等；其二是在流动性需求上，只考虑了偿债能力，没有考虑其他的流动性需求，如付现费用、非现金资产的增加以及优先股股利的支付等。

根据对文献的研究和本人的理解，公司层面的流动性应同时包括两层含义：①流动性来源，指从各种途径获得的现金流入，是公司以较低成本获取所需资金的能力，包括各种资产按照原定用途使用转化为现金及现金等价物的能力和外部筹集资金能力；②流动性需求，包括在一定时间内偿还到期债务的支出和其他流动性支出。

鉴于以上考虑，本书对公司流动性的定义为：公司流动性是指公司通过经营活动、投资活动创造现金和外部融资筹集资金来随时满足企业所有现金支付需求的能力。公司流动性取决于现金来源和支付现金需求的比较以及满足意外现金支付需求的应急筹资能力，即现实的流动性水平和潜在的应急能力。现金来源超过现金支付需求越多，或者应急筹资能力越强，流动性就越强。因此，公司的流动性反映其对财务支付安排的灵活程度和应变能力，是一种适应经济环境变化、利用投资机会及应付财务危机的能力。

1.6 研究的改进和创新

概括而言，本书在前人研究的基础上，对我国上市公司流动性影响因素进行了全面系统的研究，研究的改进和创新主要体现在：

（1）根据公司流动性的不同内涵提出了公司流动性分层理论。

（2）研究视角：以所有者财务理论作为研究视角，基于股东利益而非债权人利益和经营者利益来研究公司流动性。所有者的财务目标是企业整体价值最大化，所有者购买股票进行投资，虽然是资本追逐利润的行为，但所有者并不只关心一时一地的所得，他们希望获得长久而持续的收益……所有者既关心企业现有的利润水平，也关心企业未来的利润前景。① 所有者财务倡导的是企业的长期可持续发展，公司流动性的研究正是基于此理论，以保持适度流动性为前提研究上市公司流动性的影响因素。

（3）样本选择：所有上市公司，包括流动性不足、适度、过剩的公司，区别于以流动性困境公司为样本的财务预警研究。

（4）切入点：在公司流动性问题的前端切入，区别于单纯的资产和负债流动性管理研究。比如财务预警研究，是以财务会计信息为基础，通过设置并观察一些敏感性预警指标的变化，对企业可能或者将要面临的财务危机实施的适时监控和预测警报。财务预警是公司流动性管理的一部分内容，是对公司流动性的监控研究，属于公司流动性问题的中间环节内容。本书主要是对公司流动性前因以及后果的研究，属于公司流动性问题的两端内容，可以从根源上解释公司流动性不足或流动性过剩问题，并提出解决公司流动性问题的应对措施。

（5）影响因素分类标准：本书按可干预性对影响因素进行分类，由初始动机、宏观因素、行业因素到公司内部因素，按

① 干胜道．所有者财务论——对一个新财务范畴的探索［M］．成都：西南财经大学出版社，1998：32－33.

从始至终、由表及里的方法与顺序进行研究。公司在流动性管理时可通过干预某些影响因素调整流动性水平，但对不同因素的干预程度应有所不同。按可干预性进行分类在实践中更具有可行性。

（6）利用最新数据，建立多元线型回归模型。通过数据分析与处理，对影响公司流动性的直接因素进行实证检验，给中国上市公司提供参考，避免人云亦云。

2 流动性研究现状综述

有关流动性的研究文献主要包括两大类：市场的流动性和企业的流动性。由于金融企业和一般企业的经营对象有很大区别，所以企业的流动性又分为一般企业的流动性和金融企业的流动性。虽然本书主要研究非金融业上市公司的流动性，但市场流动性和金融企业流动性的相关文献对本研究有很大的借鉴意义，所以在这里一并加以介绍。

2.1 市场的流动性

市场的流动性是衡量证券市场运行质量的一个核心指标。根据对文献的研究，市场流动性的概念有多种定义，Black F.（1971）认为，市场的流动性是指任何数量的证券均可立即买进或卖出，小额买卖可按接近目前市场价格成交，大额买卖在一定时间内可按平均接近目前市场价格成交。按照 Kyle A. S.（1985）的观点，一个流动的市场是参与者能够快速变现的市场，大宗交易对市场价格仅有较小的影响。Harris and Lawrence E.（1990）也指出，如果投资者在其需要的时候能够以较低的交易成本买进或卖出大量股票而对价格产生较小影响的话，则该市场具有流动性。Massimband M. N. and Phelps B. D.（1994）把市场流动性概括为“为进入市场的订单提供立即执行交易的一种市场能力”。

由此可见，市场的流动性和市场内资产的交易能力有关，交易能力涉及交易成本和交易时间两个方面。Amihud Y. and Mendelson（1986）就认为流动性是在一定时间内完成交易所需的成本，或寻找一个理想的价格所需用的时间。因此，市场流动性实际上就是投资者根据市场的基本供给和需求状况，以合理的价格交易一定数量资产的能力。一个市场的流动性越强，资产交易所需的成本就越低，时间就越短；一个市场的流动性越弱，资产交易所需的成本就越高，时间就越长。

2.2　金融机构的流动性

金融机构包括商业银行、储蓄机构、保险公司、基金公司等，其中以商业银行的流动性最具代表性。

Peter S. Rose（2001）认为，当一家银行在其需要资金时，能以合理的成本得到可支用的现金，该银行就被认为是具有流动性的。在葛奇等（2001）所著的《美国商业银行流动性风险和外汇风险管理》中，把银行流动性定义为“能够在一定时间内以合理的成本筹集一定数量的资金，来满足客户当前或未来的资金需求的能力”。胡庆康在《现代货币银行学教程》（第二版）中指出，银行的流动性指的是一种在不损失价值情况下的变现能力，一种足以应付各种支付的、充分的资金可用能力。

商业银行流动性的概念其实包括了两方面的含义：一是资产的流动性，即商业银行持有的资产可以随时得到偿付或在不贬值的情况下迅速变现的能力；二是负债的流动性，指银行能够以较低成本适时获得所需资金的能力。

不确定性是商业银行流动性风险的主要原因。具体而言，流动性风险是指银行不能到期支付债务或满足临时提取存款的需要，而使银行蒙受信誉损失、经济损失甚至倒闭的可能性。由于流动性风险具有不确定性、对银行冲击震动大、可能引发连锁反应造成商业银行经营风险乃至整个金融系统风险的特征，从而成为商业银行面临的诸多风险中“最致命的风险”。巴林银行的倒闭就是鲜活的例子。因此，加强流动性管理，防范流动性风险对商业银行是非常重要的。

2.3 公司的流动性

在不完善的资本市场中，由于公司内部资金与外部资金不能实现完美替代，公司不能以合理的价格为所有净现值大于零的项目融资，流动性水平就成为股东和管理者共同关心的问题（尽管他们的目的不同）。代理成本、信息不对称、公司规模、盈利能力、资产结构、负债水平、所处行业、股东权益受保护程度等因素共同影响着公司现金流量，从而影响现金流量与现金需求的比率，影响着公司持有的流动性水平。

2.3.1 资产流动性

自凯恩斯以来，与资产的“可交易性”直接相关的“变现能力”，是对资产流动性概念最常见的一种解释。Demsetz H.（1968）提出以资产的买卖报价价差作为评价资产流动性的指标。在 Douglas W. Diamond and Philip H. Dybvig（1983）提出的流动性需求模型中，把流动性表述为：当经济主体在想实现消费的任何时候，如果某项资产能使这种需求在跨期优化中得到满足，那么这种资产就具有流动性。Lippman S. A. and McCall J. J.（1986）指出，若某资产能以可预期的价格迅速出售，则该资产具有流动性。Schwartz R. A.（1988）认为流动性是资产能以合理价格迅速成交的一种能力。Biais B.（1993）认为，当经济主体可以在承担较低交易成本的条件下，以一个合理的价格购买或出售一种资产时，这种资产就具有流动性。Glen J.

(1994) 把流动性界定为迅速交易且不造成大幅价格变化的能力。谢长儒、高德秋 (2000) 认为企业资产的流动性是指企业资产无重大损失地转移为现金的能力，企业履行债务契约或其他付现契约的能力，是蕴含于企业生产经营过程中动态意义上的偿债能力。

美国著名财务管理专家范霍恩 (1995) 认为，流动性有两层含义：①变现所需的时间；②变现比率的稳定性。[①] 本书认为这一说法较好地概括了资产流动性的内涵。

在资产的流动性评价上，Jones R. and Ostroy J. (1984) 提出了一个流动性评级三期模型。剑桥大学的 Haan 教授指出流动性与资产转换前期购买资产所需的成本相关，并提出度量流动性的一个 T 指数，用于评价一个经济实体为避免将来的资产转换费用而愿意放弃的财富的最大值。[②]

总体来说，资产的流动性是指能以预期的合理价格迅速出售的能力，变现所需时间和变现比率的稳定性是资产流动性的两个要件。

2.3.2 公司流动性

Gabriel Hawawini and Claude Viallet 将流动性定义为现金的循环和短期偿债能力，用长期融资净值与营运资本需求量的比值来衡量，这个比值即为流动性比率。长期融资净值等于长期负债和权益资本的总和减去固定资产净值。流动性比率越高，企业的流动性就越强。

王京芳 (1992) 认为，流动性指公司拥有现金满足债务需

---

① 范霍恩 (Van Horne J. C.). 财务管理与政策教程 [M]. 宋逢明，等，译. 北京：华夏出版社，2000：331.

② 周自阳. 商业银行流动性研究综述 [J]. 现代商业工贸，2008 (2)：145 -146.

要和其他急需的程度。

茅宁（1995）认为流动性应该是指企业财务的灵活性，企业通过增加现金额和改变其实现的时间等途径，来满足任何预料之外的现金需求所要付出的机会成本大小，财务的灵活性与企业通过经营活动创造现金的能力和对外融资的依赖有关。[①] 袁卫秋（2005）则把财务灵活性定义为企业拥有流动性资产的情况。

汪平（1995）认为流动性概念包含两个必不可少的基本构成要件：①资产到现金的转换。从资产的角度讲，这一转换的效率可通过资产变现力概念来描述。②契约尤其是债务及其他付现契约的履行，这是流动性概念的实质所在。[②]

黄国良、林爱梅等（1999）在研究企业破产预警模型时提出，流动性强弱关键取决于企业流动资产的数量和质量，特别是企业流动资产中现金、应收账款和存货的数量和质量。

葛家澍、占美松（2008）认为企业流动性包括“资产的变现程度”和“负债的偿还先后”两个方面。流动性的实质是一个企业在正常经营活动中现金流的分布和通过理财活动对现金流的重新安排，与财务弹性（财务适应性）、风险等信息密切相关，同时又同企业的盈利能力和由此带来的有利的现金净流量相关。[③]

还有一些学者如黄之骏、王华（2006）等，把流动性视为企业拥有自由现金流的程度。

从掌握的现有研究文献看，一般认为公司流动性主要包括两层含义：①资产的变现性，即各种资产按照原定用途使用转

---

① 茅宁．企业财务流动性分析的新思路［J］．经济科学，1995（5）：40－44.

② 汪平．现金流转与企业发展［J］．会计研究，1995（5）：41－43.

③ 葛家澍，占美松．企业财务报告分析必须着重关注的几个财务信息［J］．会计研究，2008（5）：3－9.

化为现金及现金等价物的能力。资产变现时间越短和价格波动越小，其流动性越强。②债务的清偿性，即偿还到期债务的能力。把资产的变现性与债务的清偿性联系起来，只有当两者适当匹配，企业才具有流动性。也有学者把公司流动性内涵延伸为满足所有现金需求的财务灵活性。

2.3.3 公司流动性影响因素

直接以“流动性”字眼来研究公司流动性的文献并不多见，对“现金”的研究却受到国内外学者的热捧。现金虽然不能全面代表公司的流动性，但它是流动性最强的资产，因此在下文的文献研究中也包括有关现金持有的文献。

2.3.3.1 流动性持有动机的研究

Miller and Orr（1966）提出了持有现金的交易动机，指出企业应该持有一定数量的现金以供日常交易所需。Myers（1977）用权衡模型（Trade-off Model）解释了持有现金问题，他认为持有现金会产生成本和收益，由于资本市场的不确定性，持有现金的主要收益就是构成了一个安全缓冲。Opler T.，Pinkowitz L.，Williamson R. and Williamson R.（1999）利用1971—1994年间美国上市公司的数据支持了权衡理论。Myers and Majluf（1984）提出了新优序理论，他们认为，信息不对称的存在，使得外部融资的成本被提高，从而导致财务松弛（Financial Slack）的价值得到提升，所以企业应该积极持有现金以避免高成本的外源融资。Mulligan（1997）发展了Miller and Orr的理论，出于谨慎动机企业同样应该持有现金，并指出了现金持有存在机会成本。Couderc N.（2004）提出了影响现金持有的两个假设，交易成本模型和管理机会主义假设。数据分析表明，过多的现金持有会降低公司的经营绩效，从而支持了管理机会主义假说。Chang S. K.，David C M. and Ann E. Sherman（1998）则认为，最佳的现金持有量是由流动资产的低收益和最小化高成本的外部投资需求带来的收益两者之间的权衡。对美国制造业的实证检验支持了这一模型。

罗琦和肖文翀（2007）通过检验现金持有量对投资敏感度的影响来考察中国上市企业持有现金的动机，发现中、小规模的国有企业为了抵御外部融资约束而持有现金，而民营企业和大型地方国有企业所持有的现金充当了扩大过度投资的壕沟的工具。

2.3.3.2　投资与流动性

Meyer J. and E. Kuh（1957）提出的企业投资的“流动性约束假说”和 Myers and Majluf（1984）的“优序融资理论”都认为，资本市场的不完善使企业投资支出会受到企业内部资金量的限制。持有相同观点的学者还有 Holmstrom B. and Tirole J.（2000）、Boyle G. W. and G. A. Guthrie（2003）等。Chow C. K. W and M. K. Y. Fung（1998）对不同所有权结构的中国企业的投资支出与现金流量的关系进行了实证分析，发现私有企业的投资与现金流量的相关关系最显著，然后是国有企业和集体所有企业。

然而，Kaplan S. N. and L. Zingales（1997）却认为投资与现金流量的正相关关系并不一定能说明企业受到了财务流动性约束，其研究结果是不受资金约束的企业与面临资金约束的企业相比，其投资对现金流量的敏感度更高。持有相同观点的国内学者有郭丽虹和金德环（2007）等，他们认为资金约束的存在与否和现金流量的敏感度之间并不存在直接关系，即使不存在流动性约束，企业投资与现金流量之间也存在正的相关关系。

Devereux M. and Schiantarelli F.（1990）对英国公司、Athey M. J. and Laumas P.（1994）对印度公司的研究都表明，大规模公司相对于小规模公司来说，投资对现金流量的敏感性是较低的。Kumar（1998）对加拿大等六国的上市公司进行的实证检验却得出了相反的结果。全林、姜秀珍和陈俊芳（2004）等的观点与 Kumar 的研究结论相同。

2.3.3.3 盈利与流动性

Bernhard Schwetzler and Carsten Reimund（2004）考察了那些连续三年均持有大量现金的德国公司，发现这些公司的经营业绩较差。宋献中和高志文（2001）、李嘉明和李松敏（2005）的实证研究结果表明：我国上市公司的资产质量与公司绩效之间存在着显著的正相关关系，资产质量越高，公司的绩效越好。杨海从（2007）考察了 350 家制造类上市公司，发现低流动性公司具有更高的收益率，并且在统计上是显著的。Hyun Han Shin and Luc Soenen（1998）对公司营运资金的研究从另一个侧面解释了流动性与盈利的关系，通过对 1975 年到 1994 年 58985 家美国公司的实证研究发现，公司净营业周期与公司盈利性负相关。Marc Deloof（2003）对比利时公司的实证分析得到了相似的结论。

2.3.3.4 所有权集中度与流动性

股权集中并非某个国家和地区的个别现象，Shleifer A. and Vishny R.（1986）、La Porta R. et al（1999）、Claessens S. et al（2000）、Faccio M. and Lang L. H. P.（2002）的实证研究表明，从世界 500 强公司（1986）到小公司，从西欧到东亚等，世界上许多国家和地区的公司所有权结构都有不同程度的集中。

当投资者的受保护程度较低时，控制权与现金流权的偏离程度越大，掠夺的净收益超过努力经营公司所能分得的正常收益的差额就越大，控股股东就越倾向于通过侵吞公司财富、掠夺少数股东来增加个人收益。Demsetz H. and K. Lehn（1985）、Morck R. et al（1988）、Mikkelson H. and M. Partch（1989）、Mc Connell J. and H. Servaes（1990）、La Port et al（1997，1998，

1999)、Shleifer A. and Vishny R.（1997）等研究者认为，控股股东可以利用小股东无法分享的控制权，以牺牲小股东的利益为代价来追求自身利益。除以上学者外，Mitton T.（2002）、Volpin P.（2002）、Marchica M. and Mura R.（2005）发现控股股东通过获得超过现金流权的控制权，并借以谋取个人私利。Johnson S. et al（2000）用“掏空”来描述控股股东侵占上市公司资源的行为，并指出在对中小投资者缺乏有效法律保护机制的资本市场，“掏空”现象较为普遍，集中所有权的公司可能存在更为严重的“隧道效应”。如果大股东把上市公司作为自己利益集团的“提款机”，排斥中小股东的意愿，为了便利进行“侵占”和“掏空”，大股东会倾向于使上市公司保持较高的流动性。Pinkowitz L. and R. Williamson（2001）通过对美国、德国和日本的公司对比研究发现，日本公司具有较高的现金余额水平，Pinkowitz and Williamson认为，银行在日本公司常常处于无人能抗衡的大股东地位，银行鼓励公司持有大量现金，其目的在于从公司榨取租金（Extract Rents）或降低其监督成本。但是有部分学者得出了相反的结论，他们认为，由于大股东能有效地监督经理人，减少代理成本，降低外部融资的成本，公司就没必要持有大量流动性。在这一点上，Guney Y. et al（2003）发现股权集中度与现金持有存在负相关关系。

彭白颖（2006）、黄玉龙（2007）、唐跃军和谢仍明（2006）等验证了中国上市公司也存在这种情况。

2.3.3.5 资本结构与流动性

一种观点认为负债与流动性负相关。根据优序融资理论，拥有较多流动性的公司会优先考虑用内部的流动性储藏为其短期项目进行融资，其次才会考虑对外负债。代理成本理论也指出，由于股东与债权人之间存在潜在的利益冲突，当流动性较高时，股东以债权人的利益为代价操纵内部流动性的可能性便会增大，企业负债成本也随之增大，这会对企业的负债产生负面影响。Jensen M. C.（1986）提出的自由现金流理论表明，从代理理论角度出发，管理者希望多持有现金，以确保管理者职位的安全、增加投资机会、减少外部资本市场的监督，实现其“构建帝国”的愿望。Jensen认为，较高的债务比率能够使公司定期以利息的形式付出更多现金，从而避免由于自由现金流量过多带来的浪费，达到增加公司价值的目的，这说明了负债与流动性负相关。Marsh（1982）、Harris M. and A. Raviv（1991）经过实证研究后都指出，杠杆随着固定资产增加而增加。Jensen and Meckling（1976）、Myers S. C. and Majluf N. S.（1984）、蒋殿春（2003）都认为，通过提供资产担保能阻止资产替代问题，具有较高可抵押资产的企业可能有较高的负债水平。Harris M. and Raviv A.（1991）也从理论上进一步证明了以上结论。固定资产比率越高，可抵押资产越多，资产的流动性就越弱，负债与资产的流动性负相关。

另一种观点认为，流动性高并不一定能满足企业长期项目的融资需求，但高流动性显示其支付短期到期债务的能力较强，所以流动性与负债水平正相关。Holmstrom B. and J. Tirole（1998）研究认为，现金缺乏型公司（Cash-poor Firms）为了在缺乏流动性时能及时取得债务融资，最好保有流动性储藏（Liquid Hoarding），否则公司的贷款融资会受到限制。这是由于此类公司倾向于将应保有的流动性储藏用于额外的非流动性投资，当公司遇到流动性冲击时，往往向贷款人寻求融得更多的资金，这种“等待办法”（Wait-and-see Policy）是一种次优选择。因为贷款人面对借款人没有保持应有的流动性的情形下，需要在继续投资于该借款人所支付的挽救成本和损失已投资金之间进行权衡，在这种情况下，公司的贷款融资会受到限制。借贷之间达到最优均衡的选择使公司保持一个最低的流动比率。由此看来，现金缺乏型公司的流动性与负债之间是正相关的。Ling Ling Wu（2004）采用833家日本上市公司1992—2000年的数据进行验证，得到的结论是：公司的负债比例与自由现金流量显著正相关。

另外，从资产的专用性角度将资产特征和资本结构联系起来进行研究的有Myers（1977）、Harris and Raviv（1991）、Shleifer and Vishny（1992）等。他们通过对财务杠杆利益和清算成本进行比较，认为当资产专用性越强时，越不易被清算或在二手市场上交易，交易成本也就越高，资产的流动性就越弱，债权人也就不愿意将债权资本投向具有较高资产专用性的项目。也就是说，资产专用程度高、流动性弱时，负债融资就比较困难；资产专用程度低、流动性强时，负债融资就比较容易。资产的专用性与负债负相关，资产的流动性与负债正相关。国内持有此观点的有王娟和杨凤林（2002）等。

2.3.3.6 银企关系和流动性水平

一般来说，与银行合作关系较好的企业更容易在需要资金时取得借款。另外，和银行的良好关系对公司来讲也是一个好消息，能够使得公司比较容易从银行以外的其他途径融资，公司就没有必要持有太多的流动性储备。因此，银行债务占公司总债务比重较高的公司会持有较少的流动性。

Hoshi T.，A. Kashyap and D. Scharfstein（1991）从代理成本的角度分析了日本企业的投资与流动性问题，其实证结果表明，与独立企业相比，有主办银行的系列企业的投资与现金流量之间的敏感度很低，由此认为，与银行保持密切关系的系列企业没有受到流动性约束，而无银行做后盾的独立企业很可能面临流动性约束问题。Ozkan A. and Ozkan N.（2004）研究了1995年到1999年间英国上市公司的数据，在以银行借款占总借款的比例作为银行债务的代理变量时，公司的现金持有水平与银行债务是显著负相关的。

2.3.3.7 股东权益保护程度与公司流动性

一个国家或地区对股东权益保护的程度也会影响到公司的流动性水平。

La Porta R. et al（1998）的实证研究表明，在英、美等股东权益保护较好的国家，公司的治理机制更为合理，因此资本配置也更有效率，公司也愿意将更多的盈余用于发放现金股利。而在日本、德国等股东权益保护较弱的国家，公司却往往将更多的盈余留存在企业内部。Dittmar A. et al（2003）通过对45个国家11000多家企业的研究发现，在那些股东权益没有得到很好保护的国家，企业的现金持有量是股东权益保护好的国家的企业现金持有量的两倍，说明代理成本在影响企业现金持有方面占有更重要的地位，从而支持了代理成本假说。Guney Y. et al（2003）在对1983年至2000年期间的日、法、德、英的3989家公司的研究后发现，一个国家的法律环境和公司的股权结构在决定公司的现金持有水平上起着非常重要的作用，较高的股东权益保护程度往往与较低的现金持有水平相联系。但是Harford J.（2005）的研究结果却与此相反，在股东权益保护差的国家和地区，企业拥有较少的现金。Jani E. et al（2004）对瑞士企业进行研究发现，制度背景是影响企业现金持有的一个重要因素。

国内学者也有在此方面进行研究的，张人骥和刘春江（2005）发现股东权益保护是影响现金持有的重要因素，他们以2000年的991家上市公司为样本，发现股东权益保护与现金持有量呈负的线性相关关系。

2.3.3.8 产品市场竞争程度与公司流动性

据掌握的文献看，并没有学者对产品市场竞争程度和公司流动性的关系进行直观性研究，但从产品市场竞争程度和公司其他财务决策的相关研究中，可以看到产品市场竞争程度对公司流动性的传导影响作用。

众多学者对产品市场竞争程度与资本结构的关系进行了研究，从中可以窥见产品市场竞争程度与公司流动性的关系。Maksimovc V. et al（1991）、Kovenock D. and Phillips G. M.（1997）的研究表明，如果价格战出现在产品市场竞争中，公司的利润和经营现金流入将随之下降，财务杠杆高的公司容易出现支付困难，最先陷入财务危机。Chevalier J.（1995）的实证研究发现，企业由于高财务杠杆带来的融资约束会降低企业对成长机会的投资能力，此时竞争对手可能会对其实施掠夺性竞争的策略，降低负债融资比例、提高现金持有量则是避免这种情况出现的有效途径。Bolton and Scharfstein（1990）、Maksimovie（1988）、Dasgupta and Titman（1998）、Rain Raghuram and Luigi Zingales（1995）、Kovenock and Philips（1997）等的研究表明，资本结构影响企业在产品市场上的后续投资能力、价格战和营销竞争中的财务承受能力和经营业绩。在竞争环境下，高财务杠杆对公司后续投资能力和价格战中的财务承受能力具有显著的负面影响。低财务杠杆的财务保守行为是一种理性选择。国内学者朱武祥（2002）对燕京啤酒的案例分析，印证了国内上市公司的财务保守行为，也是一种兼有保持后续投资能力和营销竞争财务风险承受能力的理性战略行为。Haushalter D.，Klasa S. and Maxwell W. F.（2007）从产品市场特征的角度进行了实证研究，发现公司的现金持有量与公司产品市场的竞争程度正相关。国内学者中杨兴全、孙杰（2007）的研究也得出了相同的结论。

但也有文献出现了相反的研究结果。最初把产品市场竞争行为和企业融资结构结合进行研究的 Brander J. A. and lewis（1986），只考虑了产量竞争和短期负债的情形，认为对在不完全竞争市场中进行产量竞争的企业而言，一家企业负债水平提高意味着该企业在下一生产阶段必须提高产量来保证对债务的支付能力。因此，债务水平的提高在增加了自身产量水平的同时，也降低了竞争对手的产量水平，负债的增加使得企业在产品市场竞争中更具有攻击性。Lyandres（2006）以1950年至2003年间美国非金融上市公司为样本的实证研究发现，公司财务杠杆与产品市场竞争程度正相关。刘志彪等（2003）利用1997年至2001年间我国上市公司的数据，以我国20个行业在沪、深股市的所有上市公司为研究样本，对产品市场竞争与融资结构的关系进行了分析。研究表明，资本结构作为企业的一项战略承诺，与所在的产业的市场竞争情况具有密切关系，企业的负债水平与企业所在的产品市场的竞争程度呈正相关关系。钟田丽和范宇（2004）对2000年至2002年我国证券市场中全部A股上市公司的研究发现，产品市场竞争程度不同的各行业上市公司，其财务杠杆选择存在明显差异。但是，这种财务杠杆的选择与企业面临的产品市场竞争程度存在一定程度上的不匹配，即风险大、收益小且不稳定、产品市场竞争程度较激烈的行业企业，选择了相对较高的财务杠杆，使其股权融资不足；而风险小、收益高且稳定、产品市场竞争程度不激烈的行业企业却选择了相对较低的财务杠杆。邓剑琴和朱武祥（2006）研究发现，在产品市场竞争非常激烈，且现有业务衰竭很快的情况下，若公司受到融资约束，它将选择财务激进行为。李青原、陈晓、王永海（2007）运用产业经济理论和交易费用经济学理论，利用2001年至2003年间沪深两地的制造业上市公司作为研究样本，研究检验了产品市场竞争、资产专用性与公司资本结构间的关系。结果表明，随着公司产品市场竞争性的增加，财务杠杆起初会增加，但在资产专用性随着产品市场竞争性增加至某一临界值后，财务杠杆会转为下降趋势。许敏和王伟（2006）

通过对2001年至2003年我国沪深两地上市公司的实证研究表明，产品市场竞争对我国上市公司资本结构的选择有着重要影响，产品竞争程度与资本结构水平呈现高度正相关关系，存在着经营风险和财务风险“双高”和“双低”的不匹配的现象。竞争较激烈的行业企业，资本负债率水平普遍较高，而垄断程度比较高的行业企业，负债水平普遍较低。

2.3.3.9 其他影响因素研究

宏观经济背景也会影响公司的流动性，比如货币政策（利率、信贷政策等）会影响公司的融资，进而影响公司的现金流量。Almeida et al（2002）研究了宏观经济波动对公司现金持有的影响，发现受融资约束的公司在经济衰退时，现金流量敏感度增强；而非融资约束的公司的现金流量敏感度一般并不会受到经济周期的影响。彭方平和王少平（2007）的研究表明，货币政策信用渠道正是通过利率效应等影响公司现金流，进而影响企业投资。应惟伟（2008）在研究经济周期对企业投资的影响时表明，在不同的经济周期阶段，政府通过实施不同的财政政策和货币政策，对企业经营和外部融资环境产生重大影响。在经济景气时期企业资金充裕；在经济不景气时，为保持一定水平的固定资产投资，企业会大幅度减少营运资本。李雅珍（2001）认为，当金融市场资金紧张时，评估等级较低的企业较难获得长期债务融资，说明金融市场对企业资金来源产生较大影响。

Teruel P. J. and P. M. Solano（2004）对影响西班牙中小企业现金持有因素的研究发现，现金持有与信息不对称、财务杠杆等正相关，与现金替代物等负相关。

Guney Y. and Ozkan A. et al（2003）、Ozkan A. and Ozkan N.（2004）研究了管理层持股对现金持有的影响，通过对英国公司的研究，发现经理人所有权与现金持有是非线性关系。主要是在经理人所有权增加但还未增加到能使经理人与股东利益一致的所有权时，经理人所有权与现金持有正相关，当增加到与股东利益一致的所有权时，经理人所有权与现金持有负相关。

Yermack D.（1996）研究发现，Tobin Q 和董事会规模负相关，从而说明董事会规模越小对提高公司价值越有利。Kusnadi Y.（2003）研究了董事会等公司治理因素对现金持有的影响。在新加坡公司中，董事会规模越大，对管理层的监管越弱，公司持有越多的现金，流动性越强。

成长机会是流动性的一个决定因素。Opler et al（1999）和 Ozkan A. and Ozkan N.（2004）在实证中发现，成长机会较多的公司，面临财务困境和破产的可能越大，为避免陷入财务困境和增加破产成本，会持有相对较高的流动性。

金雪军（2005）用一个简化的"privately-known-prospects"模型，得出信息不对称强度越大，公司越倾向以现金形式持有资产的结论。陈信元、陈东华、时旭（2003）认为，中国由于缺少有效的控制权市场和经理人市场，加上多数上市公司具有政府背景，治理效率越低和代理问题越严重的公司，其管理层更偏好于现期对现金资产的消费，从而表现出较低的现金持有水平。

袁业虎（1999）、谭振江（2000）、张华（2004）、车嘉丽（2005）对公司流动性规划和管理进行了研究。

2.3.4 对现有研究的评述

通过对公司流动性研究文献的梳理，发现国内外学者从公司流动性持有动机到与流动性相关的问题进行了广泛的研究，其研究内容和研究范围涵盖了宏观背景、公司特征等各个方面。具体来说有以下几个方面：

其一是对流动性持有动机的研究，包括交易动机、谨慎动机、权衡理论、代理理论、信息不对称理论等。

其二是研究公司投资行为、收益性、资本结构、股权集中度、成长性、行业产品市场竞争等公司特征对流动性的影响，以及公司流动性与它们之间的关系，而且主要集中于流动性对投资的约束、流动性与盈利性的关系以及资产构成的研究上，重点在以流动性为“因”的研究上。无论哪一方面的研究，理论研究结论都不一致，实证研究均有相向的结果。

其三是研究宏观经济背景对公司持有流动性的影响，包括国家法律法规对股东权益保护的程度和货币政策等。

通过文献研究发现，直接从公司流动性角度研究的文献较少，直接研究公司流动性影响因素的更少。从所查阅的资料来看，相关研究者也是国外学者居多，国内学者相对较少。从流动性影响因素研究的角度看，无论是国内还是国外，相关的研究都是支离破碎的、不系统的。这说明公司流动性影响因素是一个值得深入系统研究的课题，对这一问题进行系统研究有很强的理论和现实意义。

3 与公司流动性有关的财务理论

正如前文所言，公司流动性取决于现金流入量和支付现金需求的比较，以及满足意外现金支付需求的应急筹资能力。现金流入量超过现金支付需求越多，净现金流入量就越多，流动性就越强。

Modigliani F. and Miller M.（1958）认为，在信息对称、无交易成本和税收等完善的资本市场条件下，公司可以以合理的价格从资本市场上取得所有净现值大于零的项目所需的投资资金，内部资金与外部资金可实现完美替代。由于公司不能通过改变资本结构、股利政策或者使资产多元化来增加公司的价值，股东也就不会关心公司的流动性。其原因有两个：一是公司流动性的高低不能增加股东的财富，改变流动性的努力也不能为股东提供额外好处；二是投资者完全可以任意地改变他们的投资组合，如果公司破产或不能偿债，债主也可以马上干预，通过清算、亲自管理公司或进行重组等手段来获得补偿，达到他们对于流动性的满意程度。①

然而，现实中的资本市场是不完善的，资本市场不完善导致外部资金不能完美替代或补充公司内部资金。因此，从实质上讲是市场的不完全性使得流动性的价值得以体现，公司流动性水平成为影响公司价值、股东财富的一个重要因素。委托代理理论、权衡理论、信息不对称理论、优序融资理论、自由现金流量理论以及所有者财务论等均对公司持有流动性做出了解释。

---

① 范霍恩（Van Horne，J. C.）. 财务管理与政策教程［M］. 宋逢明，等，译. 北京：华夏出版社，2000：332.

3.1 委托代理理论

委托代理理论认为，由于公司的所有者和经营者之间存在委托代理关系，两者之间的利益不一致而产生代理成本，并可能最终导致公司经营成本增加的问题就称为委托代理问题。近年来，对委托代理问题的研究已经不再局限于所有者和经营者之间的利益冲突，大股东与中小股东之间的利益冲突也成为委托代理问题的重要议题之一。

3.1.1 股东与管理者之间的代理问题

现代企业制度要求下的产权明晰，造成公司所有权与经营权高度分离。由于管理者没有百分之百的剩余收益控制权，故此就不能获得盈利行为的全部利润，但是管理者却要为自己的经营行为承担所有的责任，管理者和所有者的效用最大化函数出现差别。Jensen and Meckling（1976）认为，经理人与股东的利益分化，使管理者往往并不追求股东利益最大化，而是更多的考虑自身利益的最大化。因此，存在股东与管理者代理问题时，管理者可能为追求自身利益的最大化目标而持有过高的流动性。

(1) 管理者为避免公司财务危机或破产对自己声誉造成影响，会使公司保持较高的流动性。过多的流动性储备成为支付现金需求的“缓冲器”，用来抵御财务风险，降低发生财务危机的概率。一般情况下，财务危机或破产的发生会使经理人的人力资源价值严重缩水，依然受“成者为王败者为寇”思想的困扰、束缚。因此，他们在流动性的决策上往往具有保守倾向，即保持较高的流动性，从而使其具有很大的财务灵活性，以减少资本市场的外在约束，即使在出现投资失误等行为的时候也不会轻易出现流动性危机。高流动性储备虽然给管理者创造了规避资本市场风险惩罚的能力，但对公司价值的增长却是无益的，因为1美元流动性储备（现金）的增加所创造的公司价值增量低于1美元的价值，所以高流动性储备对公司的价值具有负面影响，会损害股东的利益。

（2）管理层出于自利动机的考虑，可能会持有大量的流动性来满足自己的私欲。许多管理者具有营造“个人帝国”的倾向，高流动性是现金流入远远大于支付现金需求的结果，在某种程度上就好比是自由现金流量，从而为管理者营造“个人帝国”提供资金支持。在管理者的“个人帝国”中，个人物质享受和心理享受（如增加个人津贴、建造豪华办公室、投资过度等）更容易得到满足，由此产生了股东和管理层之间严重的利益冲突。

（3）管理者可能出于反敌意收购的动机而保持高流动性。Opler T. and Pinkowitz L. et al（1999）发现一个公司被收购的可能性随着现金持有水平提高而递减，成为敌意收购目标的公司比没有成为收购目标的公司平均持有少50%以上的现金。因为高流动性可以为管理者避免市场惩罚提供缓冲，当公司成为收购目标时，高流动性（主要是现金）可以为公司寻找“白衣骑士”① 争取时间，实现管理者的沟壕保护效应。这意味着管理者为谋取私人利益，可能以股东利益为代价持有高流动性。不过，也有文献表明，高流动性储备的公司更容易成为收购目标。原因在于收购成功后，这些高流动性储备的公司，可以很容易

① 当公司成为其他公司的恶意收购目标时，公司的管理层为阻碍恶意接管的发生，去寻找一家“友好”公司进行合并，这家“友好”公司就被称为“白衣骑士”。

通过降低流动性水平而提高公司价值。Faleye O.（2001）就发现目标公司比其他可比较公司多23%左右的流动性储备。

3.1.2 大股东与中小股东之间的代理问题

在所有权高度分散的上市公司，股东对管理层进行监督的激励不够，公司的实际控制权落入管理者手中，代理问题主要是管理者与股东之间的问题。但大部分国家和地区的股权是集中的。La Porta R. et al（1999）对全球27个经济发达地区大型企业股权的研究就发现，许多大企业都由政府、银行或家族控股。在高度集中所有权的公司里，控制权集中在少数大股东手中，大股东与中小股东之间的代理问题凸现，成为委托代理问题的焦点。La Porta R. et al（1999）、Faccio et al（2001）等研究认为，大股东有足够的能力控制上市公司，从而通过控制权谋取私人利益。在现金流量上，Guney Y. et al（2003）提出，当大股东拥有公司几乎所有的控制权时，大股东会有强烈的动机积累大量现金，增加自己控制资金的数量，侵吞公司财产。因此，由于大股东与中小股东之间代理问题的存在，集中所有权的公司可能会持有较高的流动性。

3.2 权衡理论

财务危机对企业价值是有影响的，最早来源于Myers提出的权衡理论（Trade-off Theory）。权衡理论是在“MM”理论的基础上发展引申而来，是对“MM”理论的卓有成效的补充。该理论把企业最优资本结构看成在税收利益与负债带来的财务危机成本之间的权衡，流动性是负债收益与负债成本权衡后，为降低破产风险的一个副产品。流动性本身其实也是对利益和成本权衡的结果，这里的利益是指“减少破产”给股东和其他利益相关人带来的利益，成本是持有流动性带来的成本。

财务危机或破产造成的公司价值减少对股东是极其不利的，因为在对公司资产进行破产清算时，股东利益在清偿顺序中排在最后，只能得到清算的残值。“雪上加霜”的是，破产成本是无法通过多元化的投资来消除的，而债权人为了减少破产成本又往往会提高利率。因此“减少破产”对股东来说是有利可图的。在这种情况下，一个有效的选择就是公司通过持有流动性来降低破产的可能性。① 持有流动性的另外一个收益就是可以降低管理者、雇员、供应商以及顾客的风险，减少他们的损失。如果这些人不能将其在公司的权益合理地多角化，他们就会要求额外的补偿以避免公司的损失。② 这些额外的补偿包括支付给管理者的高额津贴、提供给供应商的高价格或给顾客的低价格，无论哪种形式的补偿都会引起现金需求的额外增加，从而损害股东的利益。要想避免由此造成的对股东的损害，就要减少这些人的价值风险，减少企业破产的可能性，这成为持有流动性的又一动因。

公司持有流动性是有成本的，流动性储备也需要靠融资获得，因此，公司流动性的成本可以被认为是用流动资本投资得到的回报与融资成本之间的差额，即流动性缺口。以通过借款筹集流动资本、流动性储备表现为银行存款为例，持有流动性的成本就是借贷利率之间的差额。事实上不仅仅是这些，外部融资延迟带来的损失也是一项重要的成本。流动性带来的利益

---

① 范霍恩（Van Horne，J. C.）. 财务管理与政策教程［M］. 宋逢明，等，译. 北京：华夏出版社，2000：332.

② 原文见 Clifford W. Smith and Rene M. Stulz. The Determinants of Firms'Hedging Policies［J］. Journal of Financial and Quantitative Analysis. 20（December）1985：391 -405.

与持有流动性成本之间权衡使得流动性储备成为公司的必然选择。

3.3 优序融资理论

Myers and Majluf 在 1984 年提出了优序融资理论，以股东利益最大化为前提，加入“信息不对称”来解释资本结构之谜。该理论认为，经理人拥有公司资产价值的信息，而外部投资者却不能准确判断该信息，因此公司股票可能被错误地低估。由于股价被严重低估，使得现有股东被迫放弃一些净现值为正的投资项目，“投资不足”问题由此产生。相对于被市场低估的股票筹资，积累内部资金为投资项目筹资成为首选，其次是不对称信息成本和其他融资成本相对较小的债券融资，最后才使用权益为项目融资。因此，根据优序融资理论，只有当公司资金不足，留存收益不足以支撑当前的投资需求时，才会启动债务融资。但是，当公司拥有足够的经营性现金流，公司就会偿还债务，如果有多余资金，就会在公司内部积累起来。

因此，根据优序融资理论，公司流动性随着公司经营性现金流的增减而变动。现金流比较充裕的公司会偿还债务同时积累资金，流动性水平与经营性现金流正相关，最终表现为持有较高的流动性。在其他条件不变的情况下，如果企业有较多的现金支付需求，例如研究开发费用较高、投资项目较多、采购中较多采用现购方式、习惯于发放现金股利等，内部积累资金就会首先被支付出去，不足的部分企业会向外借入债务，表现为持有较低的流动性储备和较高负债率。所以，公司的流动性水平与经营性现金流量同方向变动，而与负债率是反方向变动的。

Opler et al（1999）以美国上市公司1952年至1994年的数据为样本，研究经营性现金流量、现金持有和债务水平的关系，研究结果表明，当以公司的“（息前税前利润+折旧+摊销）/公司资产”作为公司现金流量的代理变量，以资产负债率作为公司债务水平的代理变量时，公司的现金流量和公司的现金持有水平显著正相关，而公司的债务水平和公司的现金持有水平显著负相关。

3.4 信息不对称理论

信息不对称是现实资本市场中的一种常态，会给企业带来各种无形成本。信息不对称模型认为，由于信息不对称的存在，企业从外部筹集资金时需要付出额外的成本。公司外部的投资人认为公司管理者拥有外部人所不知道的真实信息，会按较高的价格发行证券。为了确保自己所购买的证券没有被高估，投资人就会适当地对所购买的证券打折扣，但返回给管理者的信息，却是外部投资人的折扣可能会低估公司证券的价格（Myers and Mujluf，1984）。如此一来，管理者会发现发行证券不利于股东价值最大化，就会选择放弃发行公司证券，并相应地减少投资。

信息不对称使流动性储备的价值得以体现。面临信息不对称问题越严重的公司，越倾向于持有较高的流动性储备。信息严重不对称的公司进入资本市场有更多的困难，因此也具有更大的财务松弛度。如若不然，当发生很严重的信息不对称时，缺乏资金会迫使公司压缩投资，陷入财务困境的成本将会更大。

Opler et al（1999）的研究印证了这一观点。他们在检验信息不对称对公司流动性储备的影响时，以研发费用规模作为潜在的财务危机成本的替代变量。研究发现，公司流动性储备水平随公司研发费用规模单调上升，说明流动性储备水平随信息不对称增加而上升。一些学者认为规模较大的企业相对于规模较小的企业信息不对称问题较少，外部筹资成本较低，就不需要保持太多的流动性储备。Faulkender M. W.（2002）的研究证实，相对于大企业，信息不对称在小企业的流动性储备决定中起着更大的作用。

3.5 自由现金流量理论

Jensen 在 1986 年提出了自由现金流量理论（Free Cash Flow Hypothesis），他认为自由现金流量是企业在满足了净现值大于零的所有项目所需资金后的那部分现金流量。自由现金流量理论是建立在代理成本之上。自由现金流量会产生代理成本主要有两个驱动因素：首先是管理者的利益驱动因素。公司高层管理者希望能够拥有更多的资源满足自己的享受需求，中层管理者则希望通过企业扩张使自己有更多的机会晋升。其次是在高现金流量的行业，使其产品与要素市场的价格接近最小平均成本的竞争力量比较微弱。高现金流量的公司在管理者的利益驱动下，就会持有大量的自由现金流量。由此可见，高自由现金流量的公司必定是以公司的高现金流量为前提的，而高现金流量的公司比一般公司更能满足支付现金的需求，其流动性更强。所以，自由现金流量与公司的流动性是正相关的。

公司持有大量自由现金流量与公司管理者的利益是一致的，

而与股东的利益则是相冲突的。当存在大量自由现金流量的时候，管理者在“利己”动机的驱动下，就会做出一些盲目投资的行为，使企业投资于净现值小于零的项目，导致企业投资过度。一些学者的研究支持了 Jensen 的自由现金流量假说。在 Tobin Q 比较低的公司中，其收购行为的回报率和现金流量是显著负相关（Lang L. H. P.，Stulz R. M.，Walkling R.，1989），而喜欢发起对其他公司的收购行为的公司，往往是那些持有大量现金流的公司，这些公司的收购行为带来的回报率却显著比其他公司低（Harford J.，1999）。除过度投资外，自由现金流量引起的管理者增加在职消费和自身报酬等随意性支出也直接危害了股东利益。

解决自由现金流量的核心问题是如何使管理者放弃低于资金成本的投资或放弃在企业内部浪费的政策。如果企业是有效运行的，并且实行股东价值最大化政策，那么，这些自由现金流量必须通过支付现金股利、股票回购等措施支付给股东，因此 Jensen and Meckling（1976）提出增加经理人所持的股份，使其与股东利益保持一致。另一种治理方法就是通过创造负债，借助负债的破产成本以及市场监管效应，使公司节约使用现金而增加公司的价值。提高负债率会带来风险，但可以通过负债的强制性现金支出减少自由现金流量，这一措施降低了公司的流动性储备水平。

自由现金流量与流动性的正相关性使得治理自由现金流量的措施同样适用于调整流动性水平。股票回购就是治理自由现金流量的一个有力措施。Medury P. et al（1992）发现，回购股票的企业具有低流动性、高盈利、高的股利分配等特征，说明股票回购在治理自由现金流量的同时使企业保持了较低的流动性水平。自由现金流量和流动性储备具有协同效应，Smith R. L. and Joo Hyun Kim（1994）在研究中发现，缺乏财务弹性的公司兼并一个高自由现金流量公司后会产生更高的超额回报；当一个高自由现金流量公司在并购一个缺乏财务弹性的公司时，如果并购结果提高了债务并减少了流动性，同样会产生较高的超额回报。前者是因为流动性不足的公司提高了流动性，后者是高自由现金流量的公司在并购后，负债率提高的同时减少了自由现金流量，降低了流动性。

3.6 所有者财务理论

“所有者财务理论”是干胜道教授于1995年提出来的，是在经营权与所有权两权分离的前提下，与经营者财务相对应的一个财务范畴。

在现代企业制度下，经营权与所有权分离，所有者远离企业的经营，经营者损害所有者、增加自身效用的现象频繁发生，所有者必须加强对自身权益的保护意识。所有者财务的目标是“企业整体价值最大化”，他们既关心企业现在的利润，更关心企业未来的利润。也就是说，所有者关心的是企业利润的真实性，即在不损害未来利润的前提下，已实现与可分配的利润。在所有者财务理论中，企业整体价值最大化也可以描述为“获得长久而持续的资本收益”①，让企业得到和谐可持续发展。

所有者财务要避免由于破产给所有者带来的损失，就要避免由于现金流量波动带来的不确定性风险，避免企业陷入流动性危机，使企业持有适度的流动性也就成为所有者财务的必然选择。而对于经营者而言，持有超过实现所有者目标所需的流

① 干胜道．所有者财务论——对一个新财务范畴的探索［M］．成都：西南财经大学出版社，1998：32.

动性，更源于对自身效用最大化的实现。原因在于，经营者除了要避免企业破产给自己带来的人力资源价值损失外，他们更为关注当前的物质与精神报酬（对经营者而言，未来的报酬具有不确定性，在折现后其价值小于当前的报酬，因此更倾向于在职消费），并尽可能避免经营风险和财务风险。这些行为会使经营者在决策持有的流动性水平时，远远高于所有者的目标，与所有者目标相违背。

4

公司流动性分层理论与评价指标

4.1 公司流动性分层理论

在研究公司流动性的文献中，众多学者各抒己见、观点不一，分别从不同角度对流动性进行了阐述，呈现出“百花齐放”、“百家争鸣”的繁荣景象。但遗憾的是，这也使得流动性概念的界定出现了外延大小不定、内涵不统一的情况，“公说公有理，婆说婆有理”，加之有些学者在提及流动性时，本身就含混不清，这些都在一定程度上造成了后来研究者的迷惑和不解。根据所掌握的文献，并没有发现对公司流动性内涵进行梳理和分类的研究，这是流动性研究的一个空白。为便于后文的研究并为其他同仁提供方便，进行一些创新性、拓展性研究尤为必要。有关“公司流动性”的概念在本书第一章已有详细论述，接下来就尝试提出公司流动性分层理论，旨在清晰界定流动性的内涵。

公司流动性的本质是一种财务资金的运动，取决于现金来源和支付现金需求的比较，以及满足意外现金支付需求的应急筹资能力。公司获得流动性的过程就是财务资金不断运动并产生价值的过程，这一过程体现了形成流动性各种来源和支付需求的纵向层次。纵向层次是指流动性内涵由浅及深、由一元到多元、由局部到整体的层次。从这一角度可以逐步分析企业表面的流动性、隐藏的流动性和流动性的最大潜能。公司流动性纵向层次主要有以下四个：

（1）第一层次的流动性：绝对流动性。绝对流动性是指公司的现金持有量满足现金支付的能力。由于现金持有量是一个静态的指标，反映企业在某一时点持有现金的多少，因此绝对流动性也可以称为静态流动性。这里的现金是资产负债表中货币资金的概念，即包括库存现金、银行存款和其他货币资金，采用这一范围主要是考虑数据的易得性以及同其他指标比较的便利性。王京芳（1992）、黄之骏、王华（2006）等对流动性的阐述可以归到这一层面。

现金是流动性最强的资产，可以随时用来进行支付。在满足经营需求、偿还债务需求、投资项目需求等方面没有任何的障碍，表明了公司最现实、最直接的流动性，也是最浅显的流动性。因此，以现金持有量表示的流动性是公司流动性的第一层面。在资产交易市场和资本市场不完善的国家，企业的融资渠道时有阻塞，在遇到资金需求时不能很快进行资产变现或从外部筹集到所需资金，持有高水平的绝对流动性就可以解决这一难题。我国很多上市公司持有大量现金的现象，除了管理上的问题外，也可以从这一方面找出原因。

（2）第二层次的流动性：相对流动性。相对流动性是指以资产变现能力为前提满足企业现金支付需求的程度。第二层面的流动性和资产的变现能力紧密联系在一起，企业在面临偿还债务等资金支付需求时，可以通过在市场上以一个合理的价格对资产进行变现来满足。由于该层面的流动性通过资产的变现来实现，隐含在企业资产的流动性中，因此称为相对流动性。大多数学者对流动性的解释是在这一层面。例如 Schwartz R. A.（1988），Biais B.（1993），Glen J.（1994），汪平（1995），谢长儒、高德秋（2000）等等。由于企业的资产在变现能力上有很大区别，从时间上来讲，流动资产在一年或超过一年的一个经营周期以内变现，而长期资产的变现时间要超过一年或一个营业周期，因此在第二层面的流动性上，也有学者认为流动性强弱的关键取决于企业流动资产的数量和质量（黄国良、林爱梅等，1999）。

相对流动性所讲的资产变现能力对现金支付需求的满足程度，隐含了这样一个事实，资产变现能力是相对流动性的关键所在。资产变现能力主要由两个方面确定，一是变现所需的时间，二是变现比率的稳定性（范霍恩，1995）。当企业的非现金资产可以在较短的时间内以预期的合理价格出售，该资产就拥有较强的变现能力。在第二层次的流动性中，正常程序的资产变现是满足现金支付需求的主要来源，如销售产品、收回应收账款等。非正常程序的资产变现是满足现金支付需求的补充来源，如变卖固定资产、出售无形资产等。

（3）第三层次的流动性：综合流动性。综合流动性是指公司通过经营活动、投资活动创造现金和外部融资筹集资金来随时满足企业所有现金需求的能力。第三层次的流动性综合了企业的经营活动、投资活动和筹资活动，涵盖了企业三种主要活动获取现金的能力，比第二层面的流动性范围更广、更全面。在现金来源上，不仅包括销售商品等营业活动获取现金的能力，还包括收回投资、取得投资收益（股利和利息）、出售长期资产等投资活动，以及借款和发行股票等对外筹资获得的现金；在现金需求上，不仅包括日常经营支出需求和偿债支付需求，还包括抓住发展机遇的投资需求。

第三层面的流动性和公司财务的灵活性和财务支付的应变能力紧密相连，表现了公司适应经济环境变化和利用投资机会及应付财务危机的综合能力。茅宁（1995）、葛家澍和占美松（2008）等对公司流动性的论述可以归到这一层次，但又不完全相同。

（4）第四层次的流动性：完全流动性。完全流动性是第三层次流动性的扩展和延伸，除了包括第三层次的流动性外，还包括公司的应急筹资能力。应急筹资能力是指公司在遇到紧急的、意外的现金支付需求时的快速资金筹资能力，可以帮助公司摆脱突发流动性需求造成的困境。

应急筹资能力是一个很难量化的指标，它与公司的信用关系能力、与政府部门的沟通能力、与上下游企业的关系等紧密相关。信用关系是在资金的筹集、调度过程中与有关金融机构形成的合作关系，甚至包括公司管理层与金融机构的放贷负责人之间良好的私人关系。“流动性”与“履约评价”可以相互转换，并且是信用体系中最主要的转换规律。[①] 良好的信用关系能力可以在公司面临突发性流动性困难时获得急需的资金，帮助公司渡过难关。与政府管理部门保持良好沟通的能力也是应急筹资能力的一个重要方面。在紧急流动性困境面前，能够及时和政府管理部门沟通，争取从政府部门获得有利的政策支持也是渡过流动性危机的良策之一。除此之外，为避免“城门失火，殃及池鱼”，当公司陷入流动性困境时，关系紧密的上下游企业一般也不会见死不救，与上下游企业的关系也是影响应急筹资能力的因素之一。因此，应急筹资能力实质上就是公司解除临时流动性困境的一棵“救命稻草”，可以避免公司的临时流动性困境进一步恶化，失去流动性恢复能力，避免公司的临时流动性困境演变为真正的财务危机。

公司流动性的纵向层次由第一层到第四层逐步深入，本书对公司流动性的定义属于第四层面的完全流动性。在规范研究上，把公司流动性界定为公司通过经营活动、投资活动创造现金和外部融资筹集资金来随时满足企业所有现金需求的能力和应急筹资能力。在实证研究中，由于应急筹资能力很难量化，所以在流动性指标中没有考虑。

① 毛道维．政府信任、企业信用结构及其相关性的经验研究［J］．财经科学，2000（10）：24－31.

4.2 公司流动性评价指标

研究公司流动性，解决流动性评价标准是一个首要问题。在20世纪初，资本主义经济从自由竞争过渡到了垄断竞争。由于规模迅速扩大，资金短缺成为众多企业发展中面临的棘手的“瓶颈”问题，预测公司资金的需要量和筹集公司所需要的资金也成为企业财务管理的主要职能。自此以后，国内外学者、相关研究机构对公司流动性的测量进行了很多研究，既有从资产角度研究的，也有从负债角度研究的，既有静态指标，也有动态指标，下面进行简要介绍和评述。

4.2.1 评价偿债能力的流动性指标

20世纪初，由于资金短缺成为企业规模扩张的主要制约要素，对企业的财务状况及还贷能力的判断，成为贷款人和其他债权人判断企业信用状况的主要依据。这种判断取决于资产负债表的结构，即企业资产的性质、构成及其融资方式，资产负债表就成为CFO、证券分析师、信用评级机构甚至注册会计师等的主要研究对象。这一时期的流动性指标主要在于评价企业偿债能力，发展到现在，此类指标主要有以下几种：

(1) 流动比率（Current Ratio）。流动比率是衡量短期债务清偿能力最常用的比率，也称营运资金比率（Working Capital Ratio），是指企业流动资产与流动负债的比值，显示公司用其流动资产在目前及今后的一个营业周期内偿还流动负债的能力。

一般认为流动比率应因时、因事、因企业情况不同而定，不宜过高也不宜过低，特别是各行业的经营性质不同，对流动性的要求也不同。存货比例较低行业的适度流动比率较低，存货比例较高行业的适度流动比率较高。比如餐饮业、旅游业等服务行业的存货少、应收账款少，流动比率不需要太高；而商业企业由于需要在存货方面投入较多的资金，就应保持较高的流动比率。一般所讲的流动比率保持在 2∶1 左右最为适度，其实是对制造业而言的。这是因为流动资产中变现能力最差的存货金额约占流动资产总额的一半，剩下的流动性较大的流动资产至少要等于流动负债，企业短期偿债能力才会有保证。值得注意的是，即便是同一个行业的企业，在分析流动比率时也要考虑企业的经营方式和理财方式。

流动比率虽然可以用来评价流动资产总体的变现能力，但流动比率没有考虑到不同的流动资产之间的流动性程度的差异。例如，存货是流动资产的主要成分，但是它并不能很快转变为可偿债的现金，如能将其剔除，其所反映的短期偿债能力会更加令人可信，这个指标就是速动比率。

（2）速动比率（Quick Ratio）。速动比率又称酸性测试比率（Acid-test Ratio），是从流动资产中扣除存货，再除以流动负债的比值，表示企业用变现能力最强的资产偿还流动负债的能力。

速动比率与流动比率的设计原理是相似的，但由于速动比率中在分子上减去了存货这种相对流动性较差的资产，主要考虑变现能力较强的流动资产（现金、有价证券、应收账款）偿还流动负债的能力，这就使速动比率比流动比率能更加敏锐地衡量企业的流动性。一般认为，速动比率在 1∶1 较为合适，表示现金、有价证券、应收账款等变现能力很强的速动资产与流动负债相等，可以随时偿付全部流动负债。解读速动比率必须谨慎。较高的速动比率可能意味着公司采用了过宽的信用政策，须谨防存在大量客户拖欠应收款项的现象；同样，较低的速动比率也可能只是因为公司给客户的信用政策过于严谨，或现金销售比率高引起的，并不一定意味着公司无法偿还短期债务的可能性很大。

上述两个指标都是反应短期偿债能力的指标，更加严格的计量指标还有现金与流动负债比率。这些指标都是指标值越高，流动性就越好。但值得注意的是，这些比率并非越高越好。如果这些比率过高，说明企业有较多的资金滞留在流动资产上，可能出现存货积压、存在大量应收账款、拥有过分充裕的现金等，资金周转减慢从而影响其获利能力，意味着企业的流动资金没有得到充分利用，没有充分为企业创造价值，存在资金闲置现象，资金利用效率过低，影响企业可持续发展。

(3) 资产负债率 (Debt Ratio)。资产负债率又称负债比率，是指企业负债总额对资产总额的比值，它说明企业总资产中有多大比重是通过借债而来的。这个比率可用来衡量企业利用债权人提供的资金进行生产经营活动的能力，也可以衡量公司在清算时债权人利益受保护的程度。在计算该指标时，分子中的负债总额也包括短期负债。因为如果把短期负债作为一个整体，这部分资金来源实质上是被长期占用的，所以可以看成是长期性负债融资来源的一部分。

一般情况下，资产负债率越低，表明公司经营资产中自有资产的比例越高，说明企业长期偿债能力越强，债务风险越低。从公司股东的角度来讲，该指标过低表明企业对财务杠杆利用不够，影响公司的获利能力。通常认为，公司的资产负债率应控制在50%左右，但也要根据公司所处行业和经营特点而定。

(4) 产权比率 (Equity Ratio)。产权比率也称为债务股权比率 (Debt to Equity Ratio)，是负债总额与股东权益总额之间的比率。该项指标反映由债权人提供的资本与股东提供的资本的相对关系，反映了公司股东权益对债权人权益的保障程度，即在公司清算时债权人权益的保障程度。

产权比率越低，说明企业长期偿债能力越强，债权人权益保障程度越高，承担的风险越小，债权人也就愿意向公司增加借款；反之，高产权比率是高风险、高报酬的财务结构，表明公司的长期偿债能力低，公司的风险主要由债权人承担。产权比率与资产负债率对评价偿债能力的作用基本相同，两者的主要区别在于，资产负债率侧重于分析债务偿付安全性的物质保障程度，产权比率则侧重于揭示财务结构的稳健程度以及自有资金对偿债风险的承受能力。

（5）长期债务与净营运资金比率（Long-term Debt to Net Working Capital Ratio）。长期债务与净营运资金比率就是企业的长期债务与净营运资金相除所得的比率。长期债务与净营运资金比率越低，表明企业不仅短期偿债能力强，还预示着企业未来偿还长期债务的能力也较强。

长期负债会随着时间的推移延续不断地转化为流动负债，并需要动用流动资产来偿还，因此流动资产除了满足偿还流动负债的要求，还必须有能力偿还到期的长期负债。一般来说，如果保持长期负债不超过营运资本，即不超过流动资产与流动负债的差额，就不会因为这种转化而造成流动资产小于流动负债，使长期债权人和短期债权人的利益得到保护，长期债权人和短期债权人都感到贷款是有安全保障的。[①] 流动负债和长期负债的结构安排会因为公司筹资策略的改变而不同。长期债务与营运资金比率的大小，在一定程度上受企业筹资策略的影响。保守的筹资策略追求稳定性，会更多地筹集长期负债，长期债务与营运资金比率就小；激进的筹资策略追求资金成本的节约，更多地用流动负债来筹资，长期债务与营运资金比率就大。

（6）利息保障倍数（Times Interest Earned）。利息保障倍数

① 王萍．财务报表分析［M］．北京：清华大学出版社，2004：299.

指标是指税息前利润除以利息费用的比率，也叫已获利息倍数。该指标用以衡量公司在一定盈利水平下支付债务利息的能力，这一比率越高，说明利润为支付债务利息提供的保障程度越高。一般而言，利息保障倍数至少要大于1。为了正确评价其稳定性，一般需要计算连续5年或5年以上的利息保障倍数，并且通常选择一个指标最低的利息保障倍数值作为基本的利息偿付能力指标，以保证公司最低的偿债能力。

利息保障倍数的大小不仅反映了企业偿还利息的能力，而且也能反映企业偿还本金的能力。因为如果企业在支付债务利息方面不存在困难，也就有能力再举债用于归还到期的债务本金。事实上，如果企业在偿付利息费用方面有良好的信用表现，即能够一贯、足额地支付债务利息，企业很可能永远无需动用流动资产偿还债务本金，而是不断地借新债还旧债。同时，由于企业信用良好，也容易获得较优的借款条件，筹资成本也较低，有利于保持较高的债务比率，充分利用财务杠杆。如果利息保障倍数较低，说明企业的利润难以为支付债务利息提供充分的保障，就会失去对债权人的吸引力。

4.2.2 评价经营活动的流动性指标

20世纪30年代，资本主义世界经历了史上最严重、最深刻和破坏性最强的经济危机，投资者和债权人蒙受了巨大的经济损失，仅仅从资产负债表的角度分析债务的流动性已不能满足报表使用人的需要。这从客观上促使注册会计师、证券分析师和企业利益相关者等更加关心反映企业盈利水平的损益表，并结合反映企业财务状况的资产负债表，来分析经营活动的流动性，更好地监督企业管理者的资产管理行为。

经营活动流动性分析也叫营运能力分析，主要是通过企业营运资金周转速度的有关指标，反映企业的资金利用效率，对评价企业管理人员在企业外部市场环境约束下的资产管理水平和资产运用能力有着重要的作用。一般情况下，企业营运资金周转的速度越快，表明企业资金利用的效果越好、效率越高，企业管理人员管理资产的能力越强。

（1）应收账款周转率（Receivable Turnover）。应收账款周转率反映应收账款转换为现金的速度，用来评价企业应收账款资金的流动性。它有两种表示方法，一种是应收账款在一定时期内（通常为一年）的周转次数，另一种是应收账款的周转天数即所谓的应收账款账龄（Age of Receivable）。

在一定时期内，应收账款周转次数越多，周转天数越短，表明应收账款回收速度越快，企业资产利用的效率越高，这不仅有利于企业及时收回货款，减少或避免发生坏账损失的可能性，而且有利于提高企业资产的流动性，提高企业短期债务的偿还能力；反之，则说明营运资金过多呆滞在应收账款上，影响正常资金周转及偿债能力。但该比率过高也代表企业信用政策过紧，不利于企业扩大销售。

（2）存货周转率（Inventory Turnover）。存货周转率反映存货转换为现金的速度，用来评价企业存货资金的流动性。它也有周转次数和周转天数两种表示方法。

存货周转率是衡量企业购入存货、投入生产、销售收回等生产经营各个环节中资金运营效率的一个综合性指标。在销售成本平均水平一定的条件下，存货周转次数越多，周转天数越短，表明企业的存货占用资金越少，存货资金利用效率越高，流动性越好；反之，如果存货积压，变现能力差，则周转次数少，周转天数长。在存货平均水平一定的条件下，存货周转次数越多，周转天数越短，表明企业的销货成本数额增多，产品销售的数量增长，企业的销售能力加强；反之，则表明企业的销售能力弱。因此，存货周转率作为评价企业存货的流动性的重要指标，不仅可以衡量企业生产经营中的各有关方面运用和管理存货的工作水平，而且能反映企业的销售能力。

存货是流动资产中最重要的组成部分，既不能储存过少，造成生产中断或销售紧张，又不能储存过多形成呆滞、积压。存货只有结构合理，才能保证生产和销售任务正常、顺利地进行；只有质量合格，才能有效地流动，从而达到提高存货流动性的目的。存货的重要作用，使存货周转率成为综合评价企业经营活动流动性的一项重要指标。

（3）流动资产周转率（Current Assets Turnover）。流动资产周转率反映流动资产的周转速度，评价流动资金的整体流动性。该指标在计算时，分子可以采用销售成本，也可以采用销售收入。按产品销售成本费用计算周转额时，流动资产周转率仅反映企业投入流动资产在生产经营过程中的周转速度；按销售收入计算时，流动资产周转率不仅反映企业生产经营过程中投入流动资产的周转速度，而且反映生产经营过程中新创造价值的情况，即周转率不仅受实际投入资产周转速度的影响，而且受盈利水平高低的影响。

在一定时期内，流动资金周转次数越多，周转一次所需要的天数越短，表明完成相同的销售占用的流动资金量越小，资金利用效率越高，会相对节约流动资金，这相当于扩大资产的投入，增强企业的盈利能力；而延缓周转速度，则需补充流动资金参加周转，形成资金的浪费，降低企业的盈利能力。改善生产经营中的任何一个环节，都会反映到流动资产周转率的提高上来。

类似的指标还有反映企业总资产流动性的总资产周转率（Total Assets Turnover）指标。

4.2.3 评价现金获取能力的流动性指标

经济发展伴随着商业信用日益膨胀，企业账面的利润与实际现金流量可能相去甚远。利用资产负债表与损益表对企业负债流动性和经营流动性进行的评价，很可能与企业的现实情况有巨大偏差。指标显示流动性好的企业，可能因为在短期内无法创造足够的现金流量而面临流动性危机；指标显示流动性较差的企业或许情况也没有那么糟糕。在这种条件下，有必要知道企业到底有多少现金可以用来偿付到期债务、保证正常经营、发放股利或供未来使用，所以关注企业的现金流量成为股东和债权人的必然选择。

顺应历史潮流，1987 年，美国财务会计准则委员会（FASB）发布了第 95 号会计准则——现金流量表，规定以现金流量表代替财务状况变动表；1992 年，国际会计准则委员会（IASC）发布国际会计准则第 7 号（修订）现金流量表，代替财务状况变动表；我国也在 1998 年将现金流量表正式纳入财务报表体系。如此一来，结合现金流量表中的数据对企业流动性进行分析成为一种趋势。

（1）现金流量充分性比率（Ratio of Cash Flow Sufficiency）。现金流量充分性比率是衡量企业是否有足够现金偿还债务、进行投资以及支付股利和利息的指标，是现金净流量与债务偿还额、资本性支出额及支付股利利息额的比值（具体计算公式见 4.3.2）。

该指标的计算涵盖了经营活动、投资活动和筹资活动三种活动获取现金的能力，是评价现金来源满足现金支付程度的综合流动性指标。从指标的表达公式可以看出，现金流量充分性比率在大于 1 时，才能保障各项现金支付需求；如果小于 1，则会出现现金短缺局面。

（2）强制性现金支付比率（Compulsory Cash Payment Ratio）。强制性现金支付比率是现金流入总额除以强制性现金流出量的比率，其中强制性现金流出量是指经营活动现金流出量与偿还债务本息付现额之和。

该指标反映企业是否有足够的现金偿还到期债务、支付必需的经营费用等支出。这一比率越大，其现金支付能力就越强。在持续不断的经营过程中，公司的现金流入量至少应满足强制性目的（即用于经营活动支出和偿还债务）的支付。如果该指标大于等于1，说明公司创造的现金流入量可以满足经营活动和偿还债务的需要；反之，则说明现金流入不足，企业可能会面临流动性困境。

（3）资本性支出比率（Capital Expenditures Ratio）。资本性支出比率也称为再投资比率，是经营活动现金净流量除以资本性支出的比率。该指标反映企业当期经营活动现金流量是否足以支付资本性支出所需的现金。资本性支出是指企业为维持或扩大生产所发生的支出（包括购置固定资产、无形资产和其他长期资产）。

该比率越高，说明企业来自经营活动的现金流量越充足，企业可再投资于各项资产上的现金越多，企业再投资能力越强，创造未来现金流量的能力也会越强。当资本性支出比率小于1时，则说明企业来自经营活动的现金流量满足资本性支出的能力较低，此时，企业资本性支出所需现金，除经营活动提供外，企业还必须向外部融资才能支付上述各项支出，企业再投资能力相对较弱。但是资本性支出比率也不能过高，太高的资本性支出比率说明企业的发展可能过于谨慎，没有维持必要的规模扩张。

（4）经营现金财务费用比率（Ratio of Cash to Financial Expenses）。经营现金财务费用比率是经营活动现金净流量除以财务费用的比率。该指标可以衡量一个企业在经营活动中所产生的现金流量支付各种财务费用的能力。

一般情况下，如果企业经营所得现金除维持正常生产经营外，还能满足支付各种财务费用的需要，就可以按期支付利息，获得良好的银行贷款信用和商业信用，从而就很容易通过负债渠道进行融资，并以此扩大生产经营规模，开展对内或对外的长期投资，形成良性循环，资金流动顺畅；反之，如果企业经营所得现金除维持正常生产经营外，不能满足支付各种财务费用的需要，造成企业信用降低，负债融资困难，更无法进行其他的投资，形成恶性循环。

结合贷款规模可以更好地反映公司贷款资金的利用效率。如果现金财务费用比率高于贷款规模的增长率，说明贷款资金使用效率高，资金周转快，资金成本低。

（5）经营现金净流量与流动负债比率（Ratio of Cash to Current Liabilities）。经营现金净流量与流动负债比率反映本期经营活动所产生的现金净流量抵付流动负债的倍数，表明以本期经营活动现金净流量偿还短期债务的能力。

经营活动产生的现金净流量越多，现金流动负债比率越大，表明企业越能保障按期偿还到期债务。但是，该指标也不是越大越好，指标过大表明企业流动资金利用不充分，获利能力不强。另外，现金流动负债比率这一指标是建立在以过去一年的现金流量来估计未来一年现金流量的假设基础之上。使用这一财务比率时，需要考虑未来一个会计年度影响经营活动现金流量变动的因素。

（6）净流动性余额（Net Liquid Balance）。净流动性余额是指企业拥有的现金及现金等价物减去限制性最强的短期负债（包括短期借款、应付票据和一年内到期的长期债务等）后的余额。该指标反映了企业用现有的现金资源偿还强制性短期借款的能力。如果净流动性余额很小甚至为负，虽然它并不一定意味着企业将不能如期偿还到期债务，但至少表明该企业清偿短期债务的能力和筹措现金以备急用的能力较弱。

4.3 本书选用的公司流动性评价指标

4.3.1 选用原则

从上文可以看出，在对公司流动性度量指标的研究中，国内外学者和研究机构从不同的角度出发，设计了很多流动性指标，这给本研究带来了便利，但也造成了指标选择上的困难。本书在选择公司流动性评价指标时，遵循了以下原则：

（1）一致性。选取的指标要符合本书对流动性的定义，与本书研究的公司流动性相一致。

（2）综合性。在选取指标时，力求该指标能综合反映公司流动性水平，以避免以偏概全。

（3）有效性。在众多流动性指标中，要选择能够对上市公司流动性有重要指示作用的重要指标。

（4）同向性。选择的流动性指标值的高低要尽量与公司流动性水平一致，即当指标值大时，上市公司的流动性水平就高，指标值小，流动性水平就低。

（5）便利性原则。在选择指标时，要便利在时间维度和空间维度上进行比较，选择各期各公司计算易得的指标。

4.3.2 选用指标

结合以上原则，通过甄别判断，本书选择以下指标作为评价流动性的标准：

（1）现金流量充分性比率。现金流量充分性比率是一定期间现金净流量与债务偿还额、资本性支出额和支付股利利息额的比值。该指标涉及经营活动现金净流量、投资活动现金净流量、筹资活动现金净流量、当期偿还的债务本金、支付的资本性支出以及支付的股利和利息等内容，反映了上市公司在经营活动、投资活动、筹资活动中使用现金流量的协调能力和平衡能力。现金流量充分性比率从现金流量表角度全面反映上市公司流动性水平，是衡量企业运用各种现金流入满足所有现金支付需求的综合指标。

该指标是基于现金流量表角度设计的，所需数据均可从现金流量表中获得，其中当期偿还的债务本金由“偿还债务支付的现金”代表，支付的资本性支出由“购置固定资产、无形资产及其他长期资产支付的现金”代表，支付的股利和利息由“分配的股利、利润或偿付利息所支付的现金”代表。据此，现金流量充分性比率的模型可表示如下（见图4.1）：

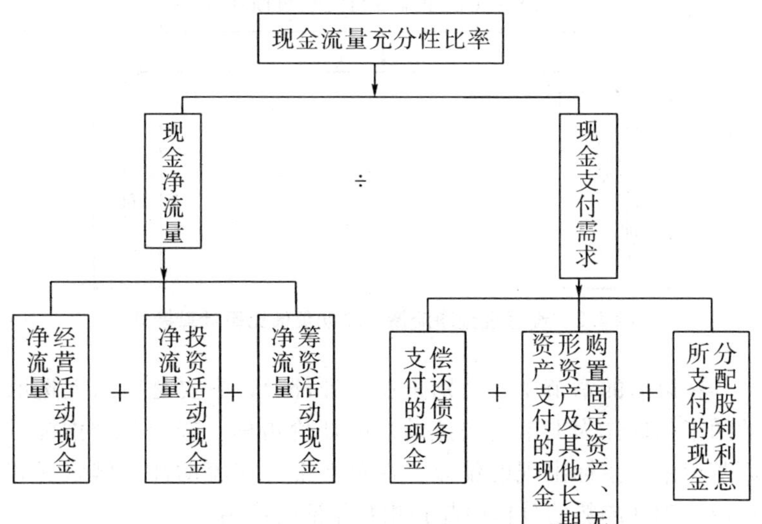

图4.1　现金流量充分性比率计算模型

（2）经营现金净流量与流动负债比率。经营活动产生的现金流量是公司流动性的原始动力与长远动力，即将到期的短期债务是公司面临的现时风险与威胁。选择经营现金净流量与流动负债比率，是因为该指标可以很好地反映经营活动产生的现金净流量偿还短期债务的能力，表明上市公司自身创造流动性的能力。

经营现金净流量与流动负债比率是经营活动产生的现金净流量与流动负债的比值，该指标计算简单，涉及现金流量表中的“经营活动产生的现金净流量”项目和资产负债表中的“流动负债合计”项目，是把两大报表结合起来的一个综合指标。该指标的计算模型如下（见图4.2）：

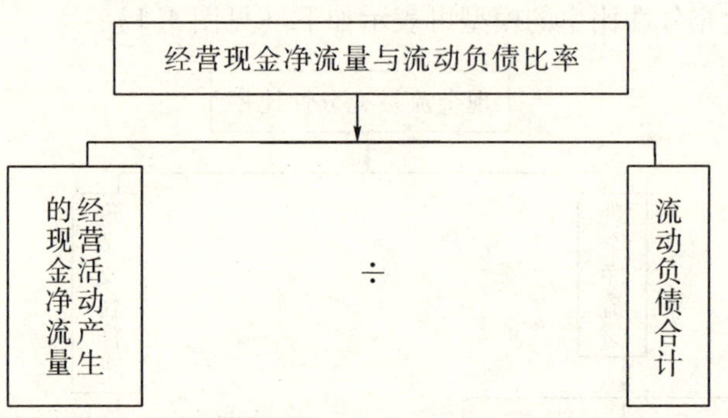

图4.2　经营现金净流量与流动负债比率计算模型

在以后的章节中，特别是在实证部分，主要是用以上选取的两个指标作为上市公司流动性的评价指标。选择两个指标可以避免单一指标出现的偏差，在对上市公司流动性总体状况和行业流动性趋势的分析中起到相互印证的作用。

5

中国上市公司流动性持有动机

在对文献和流动性理论进行研究的基础上，第四章提出了流动性分层理论并确定了公司流动性评价指标，这为上市公司流动性影响因素的研究奠定了理论基础。本书对流动性影响因素的研究旨在找出影响公司流动性的根源和作用机理，为我国上市公司选择切实有效、科学合理的流动性管理战略提供参考，使之能够在流动性管理控制上做到有的放矢，有针对性地化解流动性风险，避免出现支付危机或投资受阻，推进上市公司适度稳健发展。从本章开始，主要分析探讨影响上市公司流动性的各种因素，其中包括初始持有动机、宏观因素、行业因素和企业内部特征因素等。

本章主要分析上市公司流动性的初始持有动机。上市公司流动性持有初始动机，属于影响公司流动性的内在主观性因素，其研究涉及多个学科，一直是学术理论界争论不休、难以统一的领域。学者们分别从公司日常交易、流动性与收益性权衡、内外投资需求、管理者目标等角度，一般将其归结为交易性动机、投资性动机、预防性动机和自利动机等（或其他类似说法）。但毕竟财务管理不是纯粹的财务管理，企业管理也不是纯粹的企业管理，特别是在现代企业制度背景下，影响上市公司流动性初始持有动机的因素必将是多维性的。① 同样，上市公司流动性初始持有动机也必将表现出多元性特性，既有内部原因，也有外部原因；既有客观因素，也有主观因素；既有积极性动机，也有防守性动机；既有公司内部微观方面的原因，也有公司外部宏观层面的因素；既有短暂性的，也有久远性的。

本章以我国上市公司为分析对象，在经营环境的非完善、制度的非健全、信息的非对称、决策的非完全科学、管理层与大股东目标非一致等客观现实前提下，出于对安全性防范预警、

① 陈霞．上市公司流动性因素管理分析［J］．中州学刊，2008（5）：72－74.

盈利性绩效预期、稳健可持续发展等问题的考虑，将上市公司流动性初始持有动机与制度环境、控制权、公司治理、稳健经营、投资需求、代理人意思表示、风险防范等问题有机结合起来进行深入研究，旨在探寻我国上市公司的流动性初始持有动机的具体体现，发掘影响上市公司流动性的深层诱因。

5.1 “制度寻租”动机

众所周知，上市公司在经济领域拥有特殊地位，具备其他经济机构无法比拟的资本优势、制度优势、政策优势、信息优势、人力资源优势等。大量客观事实表明，在国家制度的规范过程中，上市公司与其他经济实体相比，体现出了制度安排的非均衡、制度信息的非对称、制度使用的非平等、制度贯彻的非理性等多种特征。从制度经济学（Institutional Economics）角度分析，制度结构本身具有一定的不合理性，有大量制度租金存在。在制度规范与经济发展的博弈中，因机制、体制弊端或漏洞而衍生的“制度寻租”现象层出不穷，这也印证了亚当·斯密的“人以可预期的方式对获利机会做出反应”，以及威廉姆森的“机会主义是研究交易成本的核心概念”等观点。

上市公司会利用外部制度性因素的变化获取预期经济收益。制度性因素虽具有可预期特征，但同时也伴随偶然性、时效性，有时可谓转瞬即逝。因此，在短暂的“制度性因素盈利机遇”面前，需要迅速做出反应。缺乏流动性储备的上市公司，即便是资产规模再大、成长性再强、预期效益再好，恐怕也难以实现“抢抓机遇”；而流动性储备良好的上市公司因具备一定规模的现金储备、良好的变现能力、顺畅的资金周转通道和筹资渠道，往往很容易“抢占先机”、“拔得头筹”，获取超额收益。

由于我国资本市场发展时间较短，许多方面尚待深度完善，造成资本成为高度稀缺的资源，绝大多数上市公司都面临着一定的政策性、成本性的融资约束问题。当制度规范性相对较弱或制裁性相对疲软，而外部融资又不可能迅速获得或成本较为昂贵的情况下，为追求“制度寻租”最大化，持有一定的流动性，保持财务灵活性和财务弹性将成为上市公司“制度寻租”的“机动预备队”。上市公司将所持有的流动性储备与制度预期信息相结合，利用自身对制度走向走势分析获取的优势，大打“擦边球”，抢占制度规范的“空白带”，谋取最大化的制度性收益，构成当前我国上市公司流动性持有的一个重要动机。

5.2 代理人事实控制动机

代理人事实控制，是指上市公司管理层本身并不持有本公司控股性股权，或不是公司法律上的所有者，为实现自身利益最大化，他们通过其他途径掌握企业的事实控制权。现代企业制度构建中，事实控制权是上市公司最核心的权力，也是代理人代理行为选择的基础。在委托代理框架下，现代企业制度所要求的产权明晰与管理科学其实属于委托代理两方面的问题，产权是否明晰是委托方的问题，管理科学与否在较大程度上是代理人的问题。由于委托人与代理人追求目标的不一致，产权明晰与管理科学两个重要的现代企业制度特征就较为容易失去共同的目标基础。在产权制度既定的基础上，管理层作为代理人，自身利益从产权获取方面无法得到显性的体现，代理人意义上的价值剩余就面临被掠夺的威胁，这就可能影响代理人的工作主动性和创造力。代理人自然不甘于此，为实现价值创造后的分配均衡，必将另辟蹊径。由于非流动性资产的固定性、操作阳光性特征较为明显，易于被监督管理，上市公司管理层不便于对其进行主观运作。而持有更多流动性较强的资产，尤其是现金和有价证券，可以给管理层决策带来更多的便利，在更大程度上可帮助管理层对公司进行事实控制，能够在公司决策中融入更多管理者的主观性，增强对上市公司的操控权，为追求个人私益提供便利。Jensen（1986）的自由现金流量理论就认为管理层有动机去增加在他们控制之下的资产。

在我国的上市公司中，有一个特殊群体——国有上市公司。由于历史原因，从国有企业进行改革的一开始，就强调确保国有经济的主体或主导地位，国有企业的股份制改革前提是国有，强调国家控股权。从现代企业制度的“委托—代理”关系看，委托方是国家（各级政府、国有资产投资或经营公司），代理方是公司的管理层，不过国有控股上市公司的董事长、总经理，多数仍然是由上级党委决定、政府任免。这种行政任免的方式并不会改善代理人对公司进行事实控制的冲动，因为在这种特殊背景下，委托人模糊或缺位，代理人更有便利和动机以国有资产代理人的名义事实控制公司资产和经营支配权。屡屡发生的国有上市公司管理层贪污腐败案业已证明，国有上市公司代理人市场也由于运作的非市场化，而具有“柠檬市场效应”的特征。

在已有的相关文献中，具体将流动性持有现状与代理人事实控制进行关联研究的较少，出现了研究的盲区，可能是源于流动性状况的评价和代理人事实控制的认定较难。不过相近的研究不少，例如 Blanchard O. J. et al（1994）实证研究发现，11 家收到巨额现金赔偿的美国企业会保留现金或从事一些低价值的投资活动；Harford J.（1999）发现拥有高额现金的企业管理层会进行一些多样化和减少企业价值的并购活动。这类文献研究从侧面表明，高流动性持有与代理人利益是密切相关的。但是这些研究中对一个重要问题没有直接触及，就是上市公司管理层的事实控制及实现途径问题。从管理学和财务学本身来讲，公司事实控制权更多时候要通过财务控制来实现，而财务控制是以现金流为代表的流动性控制为重心。因此，上市公司流动性持有的动机之一就是实现财务控制，以保证上市公司管理层控制权的延续和提升，进而实现公司事实控制。据此，本书认为代理人事实控制是流动性持有的重要初始动机之一。

5.3 自利性动机

上市公司流动性持有的自利动机具体表现在控股股东自利动机和经理人自利动机两个方面。我国上市公司的股权结构大多属于集中所有权结构，大股东控制现象较为严重；同时，我国经理人市场机制不甚健全，相应的激励、监督、评价等机制还较为缺乏。这两点在国有控股上市公司中表现得更为突出，具体表现为股权高度集中、所有者模糊缺位、双重代理、代理人产生路径的非市场化等方面。

在大股东与小股东目标、委托人与代理人目标背离的现实下，上市公司控股股东或经理人的“慎独”境界就面临严峻的考验，而公司流动性持有往往具有较大的主观性空间。基于此，控股股东和经理人自利性动机的主观条件就开始凸现，控股股东凭借其对公司的绝对控股权（与小股东相比），代理人凭借其专业知识和掌控的经营信息（与委托人相比），两者有可能违背小股东或委托人的意愿而谋取个人私利。虽然 Jensen and Meckling（1976）认为，代理人与委托人的利益冲突可通过经理人持股来解决，但只要委托代理关系中这种矛盾存在，就难以根治。在存在绝对控股股东的上市公司中，必然使“经理人”受制于“控股股东”，两种自利动机必将同时存在。在控股股东和经理人均追求自身利益最大化的情况下，上市公司会表现出持有大量现金和流动资产，会主观造成流动性水平提升；但另一方面，集中所有权有利于对管理层的监管，管理层出于自利动机调节流动性持有水平的行为会受到控股股东的监督，这种监督的程度会随控股股东的持股比例变动而变化。但如果两者合谋（比如自然人大股东出任公司高管），小股东利益将严重受侵。张凤、黄登仕（2007）对 1998 年至 2003 年沪深股市进行实证分析发现，在股权集中度较低和较高区域，随着股权增加，控股股东对经理人自利行为的约束增强，现金持有随之下降；在股权集中度中间区域，随着股权增加，控股股东利益侵占效应明显，现金持有随之增加。

在自利动机具体表现方面，为规避风险，出于巩固既得利益或自身地位的考虑，控股股东或经理人有着强烈的流动性持有偏好。经理人为了在使用资金时不受束缚、固守职位或避免受资本市场制度或法律的监管，会倾向于持有更多的现金和短期投资，不愿将利润分配给全体股东或投资人。另外，控股股东凭借法定权利控制着上市公司，可能有强烈的动机聚集大量现金、短期证券等流动资产，以增加自己控制资产的数量，进而侵吞或无偿使用全体股东或投资人的财产。现金和短期投资过多是与企业可持续发展相背离的，是“自利行为”的结果。

事实上，经理人的自利动机，在某种程度上也可以看成与投资人博弈的结果。从博弈论的观点透析，现代企业制度实质上代表了各产权主体之间不断进行再谈判的动态博弈均衡，只有达到均衡时公司才能稳定发展。众多学者对此进行了研究。

Shleifer and Vishny（1997）认为公司治理的一个深层问题是——如何进行有效的机制（契约）设计，使投资方确信其能够从投资中获得相应的收益；Hirschman A.（1970）提出的“控制结构”（Control Structure）也认为，外部投资者可以亲自以“积极”或“消极”的方式对经理人的行为进行监管；Jensen（1986）提出债务可以迫使管理者承诺在未来支付现金流量，因而对管理者形成控制并对其利益形成约束；Gorton G. and G. Pennacchi（1990）提出厂商的流动性需求也会对管理者形成制约，有效地减轻管理者的道德风险。管理者为了避免被接管和公司破产的威胁，就要与投资方的监管进行博弈，就需要在财务上保持足够的灵活性、可操作性，持有足够的流动性储备以避免投资方的过度约束，顺利实施自己的管理决策。因此，公司流动性在一定程度上是投资各方利用负债、增加现金流量支出等手段对管理层进行监管，与管理方增加财务弹性、减小破产威胁等相互博弈的结果。

有一观点需要表明，无论是控股股东自利行为还是经理人的自利行为，结果并不一定都是消极的。

5.4 投资性需求动机

无论是Meyer and Kuh（1957）提出的“流动性约束假说”，还是Myers and Majluf（1984）提出的“优序融资理论”，都认为资本市场的不完善使企业投资支出会受到企业内部资金量的限制。基于资本具有稀缺性、时效性、归属性等特征，当公司遇到流动性需求时并不能很容易筹集到所需的资金，不仅是发展中国家，即便在资本市场相对发达的欧美国家也是如此。相对于欧美资本市场，我国资本市场尚处于初级发展阶段，我国上市公司面临的资本市场完备性更差、金融市场更不成熟、信用制度更不完善。由于信息不对称、交易成本以及税收等因素的影响，无论是股权融资还是债券融资都会给企业带来承销、发行、法律费用等直接成本，也会给企业带来较多间接成本（如灰色支出、机会成本等），还会因代理冲突、信息不对称和逆向选择等问题给公司带来更高的筹资成本和潜在风险。基于以上原因，上市公司在外部资本市场上往往无法筹集到足够的资金将投资扩大到理想水平状态。

相对于非上市公司，我国上市公司还面临更大的发展压力，如暂停交易、退市等威胁，这就要求上市公司有效把握投资机会，不断抢占新兴市场、新兴产业、新兴领域，拓展企业未来发展空间。较好的流动性有利于公司投资和业绩的提升，给企业带来可预期的收益。上市公司成长性越好，投资需求越大，对流动性需求也就越大。当上市公司不能及时筹集所需资金，或避免高成本的外部融资时，只好放弃有利的投资机会，置公司于落伍之境地，严重者可能被退市，造成恶性循环，融资愈加困难。作为有远见的管理者，通过权衡公司流动性持有的成本和收益，持有一定规模的流动性储备以备投资项目的资金需求，不失为一种减少外部融资依赖性的“良方”。因此，上市公司持有流动性可以让企业在面临净现值为正的投资时，避免因资金不足而被迫放弃的尴尬，充分保障股东的利益，保证上市公司的发展。

持有一定的流动性以满足上市公司未来的投资需要，成为上市公司的一种理性行为。Mikkelson W. H. et al（2003）通过对美国 1986 年至 1991 年持续高额现金持有公司的研究证实了这一动机，发现高现金持有公司具有高投资机会、高研发费用的表现，并且其经营业绩要高于控制样本公司，高额现金持有并没有损害企业业绩。

5.5 交易性支出动机

为保持上市公司平稳运行，正常的交易性支出必须得到保证。在公司日常的经营活动中，有很多环节会引起现金流量的流出，需要支付现金，比如购买原材料、支付职工薪酬、市场开发费用、缴纳税金、支付办公费用等一些必要的日常开支。如果公司的流动性匮乏，将不能应对经营活动的日常开支，使经营活动无法正常进行。材料购买资金的缺乏会使企业无法享受销货方提供的现金折扣，还会丧失信用等，严重的可能导致生产中断；职工薪酬资金的缺乏会导致不能按时支付职工薪酬，挫伤了职工的生产积极性；不能按时缴纳税金则有可能引来更多的罚款，使公司的流动性状况雪上加霜……

一般情况下，交易性现金流出主要依靠交易性现金流入，销售收入是主要的资金流入渠道。但由于交易性现金流入与交易性现金流出不同步，具有一定时差，且现金流入往往具有滞后性，因此，为保障经营活动的正常进行，上市公司需要持有一定数额的流动性储备来做“缓冲器”。如果企业持有的流动性水平过低，就可能出现现金流量的阻塞中断，造成上市公司的“休克现象”，即便“肌体丰满”，也会因“血液断流”而“不治身亡”。上市公司也可以通过外部的临时融资来为上市公司注入“新鲜血液”，但这种融资除了要付出更大的“交易成本”外，也是对企业应急融资能力的一种考验。

5.6 谨慎性动机

上市公司都深谙“皮之不存，毛将附焉”的道理，安全是第一要务。要追求可持续发展，学会规避风险非常必要。如果在风险面前不能未雨绸缪，发展就无从谈起。考虑到现金流量的不确定性和潜在的财务困境等因素，上市公司需要保持一定的流动性来满足某些意外性支付需求。没有“储备粮”的日子过得不会安心。在经营发展过程中遇到这些不时之需时，在不能快速并低成本地进行外部融资的情况下，就会丧失发展机遇，或面临流动性危机甚至破产的风险。为了最小化财务困境成本，在首选安全性的前提下，上市公司要么有足够的现金、有足够的其他可随时动用的非现金资产，能够迅速、低成本地进行资产变现，要么具有较强的临时融资能力，保持通畅的融资渠道，否则，恐怕只能坐以待毙。因此，持有流动性其实是上市公司出于在经营活动、财务活动方面的谨慎性动机需求，防患于未然。

综上所述，我国上市公司持有流动性的初始动机既有传统意义的“交易性动机”、“投资性动机”和“谨慎性动机”，也有现代企业制度下的“代理人事实控制动机”和“自利性动机”，还有中国独具特色的“制度寻租动机”。分析公司流动性的初始持有动机将有助于揭示我国上市公司持有流动性的初始诱因，给大股东、投资者及经理人以启示，促使其建立科学合理的流动性管理、预警、决策机制。在流动性管理中，既要促进安全性、盈利性、流动性的协调，培育稳健经营态势；又要注重提升安全性、盈利性、流动性的互动效应，使资金发生积极裂变效应，产生更大效能。

6

宏观因素对上市公司流动性的影响

持有动机研究了公司持有流动性的初始诱因，而后续影响因素对公司流动性水平起着重要作用。在对后续影响因素的分析中，本着由表及里、由外到内的分析顺序，按照影响上市公司流动性的宏观因素、中观因素（行业因素）、微观因素（企业内部特征因素）逐步深入分析讨论。本章主要分析影响上市公司流动性的宏观因素。

上市公司流动性影响因素众多，对于某一个公司个体的流动性而言，微观因素可能起着重要的影响作用，但上市公司的整体流动性走势却主要受宏观因素的影响。因此，在对上市公司流动性影响因素进行分析时，首先从宏观因素方面进行整体分析不失为一种明智的选择。相对于企业内部的微观因素，宏观领域中有着更多的不确定性、不完美性、不对称性、不可控性等特征，基于传导效应原理，这些必将直接或间接成为影响上市公司流动性的基础因素。正如 Keynes J. M.（凯恩斯，1936）所说的那样，促成流动性的因素是不清楚的，依赖于社会实践和制度，并随着时代的变化而变化。这既说明了流动性影响因素研究的困难，又说明了宏观因素对流动性影响的真实存在。

6.1 本章研究背景

著名财务管理学家、诺贝尔经济学奖获得者莫迪利安尼（Modigliani F.）和米勒（Miller M.）提出的 MM 理论表明，如果不考虑交易费用、破产成本、税收和代理成本，厂商的投资决策与其融资方式选择无关。MM 理论的前提条件是完善的资本市场和资本的自由流动，且不考虑公司所得税，但这个前提条件在现实中是不存在的。现实资本市场是不完美的，信息是不对称的，制度是不完善的，委托代理问题深度存在，这一切都成为引致市场摩擦的因素。上市公司作为市场经济中自我经营、自负盈亏、独立决策的经济主体，在当今整个社会经济舞台上表现最活跃、最具代表性，与宏观经济运行的联系也更为紧密。在知识经济、资本市场、信息技术飞速发展的今天，宏观与微观之间的传导速度更快，传导效应更显著，没有置身于“世外桃源”的经济实体存在，没有 MM 理论假设前提的真实存在。离开宏观因素研究上市公司流动性管理与控制，要么是纸上谈兵，要么是闭门造车，根本是不现实的。

大量事实也说明，上市公司流动性的规划设计、战略调整，不纯粹是狭义方面的公司内部财务管理问题，更是广义范围的公司流动性战略管理。多年来，由于宏观经济政策调整变化等因素，使得许多上市公司的发展经历了生与死、繁荣与衰退的曲折轮回，充满了机遇与挑战。因为宏观因素导致上市公司流动性失调与中断，引发资金周转出现断裂而使企业迅速崩溃的事件也层出不穷，比如 2008 年由美国次贷危机引发的全球性金融危机就是最鲜活的一例。从掌握的文献看，对公司流动性宏观背景因素的研究，当前还较为分散，大多停留在单因素的研究上，缺少对宏观因素的深层次、全面性、机理性的剖析。

因此本书认为，研究宏观因素对上市公司流动性的影响，涉及经济领域中宏观与微观、抽象与具体的结合，是一个更有效、更具有开创性的领域。宏观因素的研究可以使公司流动性的预测预警和日常管理与宏观经济环境紧密结合，促使经营活动、投资活动、筹资活动与流动性控制的配合更加协调，促进上市公司取得长足稳健的发展。

6.2 国家财政政策对上市公司流动性的影响

财政政策是政府依据客观经济规律制定的指导财政工作和处理财政关系的一系列方针、准则和措施的总称。从政策类型上讲，财政政策有积极财政政策（扩张性财政政策）、保守财政政策（紧缩财政政策）和稳健财政政策之分。在不同的经济周期阶段，政府通过实施不同类型的财政政策，影响企业经营和外部融资环境，对上市公司特别是“国字号”公司的流动性产生影响。

从1998年到2002年，我国实行积极的财政政策，政府加大对国有龙头企业的扶持力度，加大对其重点项目、重大项目的资金投入力度，项目产生的丰厚利润使得这些企业的流动性随之增加。配合积极的财政政策，稳健积极的货币政策也向这类企业倾斜，这类企业通过银行进行融资相比一般企业更为容易。财政政策的大力扶持和积极稳健的货币政策相结合，使上市公司特别是举足轻重的国有上市公司在这一时期积累了很多流动性储备，上市公司整体流动性变得“宽裕”起来。

2003年和2004年，宏观财政政策开始逐步调整，积极财政政策淡出，被稳健财政政策所取代，对国企的扶持力度整体趋缓，在稳健货币政策的配合下，加上股市低迷，这一时期的上市公司流动性储备水平持续下降。之后几年，随着国有银行商业化和股改逐步完成，国有企业“等、靠、要”的空间越来越狭小，通过逃废银行债务或债转股等额外关照变相为国有企业输血的方式也越来越少。于是，国有企业为满足应对不时之需和拓展市场的资金需求，保障企业安全并促进发展，就需要走

"自力更生"的有效路径，开源节流，构建"现金池"，保持一定规模的流动性。可见，财政政策的变化对上市公司流动性的影响是深远的、全局性的。到2006年至2007年，上市公司流动性管理意识渐趋增强，流动性储备结果逐渐显现出来，上市公司整体流动性水平出现拐点，整个社会流动性过剩的问题也成为人们关注的热点。

我国这一时期的国家财政收入与GDP之比逐步提升，2006年增加到18.79%，2007年达到21%。即便如此，与其他国家相比，差距还相当明显。根据经济合作与发展组织（OECD）2007年发布的数据，如果将2006年财政支出占GDP的比重按从大到小的顺序进行排序，那么，在参加经济合作与发展组织的30个国家中，美国仅与希腊并列倒数第六，瑞典、丹麦和法国等高福利国家，2006年财政支出占GDP的比重分别为55.5%、51.4%和53.4%。在2006年、2007年我国上市公司高速发展的背景下，这一差距从另一个侧面说明了一个问题，即国家并没有得到实际的收益分配权。根据国资委的数据，仅2007年，我国中央企业的营业收入达到98438亿元，较2006年增长17%，实现净利润9969亿元，较2006年增长24%，其中，实现利润超过100亿元的企业有19家。但是，需要明确的问题是，中央企业的利润大多仍留存在中央企业账上，表现为巨额的货币资金和留存收益，流动性储备剧增。万德（Wind）资讯的统计显示，2007年年底，流动资产排名前50的上市公司，平均流动资产为373亿元。"石化双雄"中国石油（601857）和中国石化（600028）跻身排行榜前二，其中中国石油（601857）流动资产为2362亿元，货币资金（主要由银行存款构成）约886亿元，存货约885亿元，两者加总约为流动资产的2/3强。国有上市公司财富中本来属于社会共有的财富没有得到充分分配，作为货币资金留在企业内部，导致相应的社会价值不能实现，形成社会资产链条上企业界面的“堰塞湖”，这就可能对其他上市公司的流动性产生“感染性”影响，形成“羊群效应”①，加剧了流动性整体供求关系的偏离，夸大了上市公司整体层面的流动性水平，影响了上市公司的可持续发展，进而损害了社会和股东的利益。

我国财政政策对上市公司流动性水平的传导效用可以通过表6.1粗略地加以表示：

表6.1　我国财政政策对上市公司流动性水平的传导效用

财政政策	1998—2002年	2003—2004年	2005—2007年
	积极财政政策	向稳健财政政策过渡	稳健财政政策
传导效用	对企业投资力度加大，贷款倾斜，利润增加	国家对国企扶持减缓，股市低迷，国有银行商业化，贷款相对规范	上市公司逐步增加流动性储备以规避风险，股市逐步升温，国有上市公司高流动性带来“羊群效应”
上市公司流动性水平	流动性储备逐步积累	流动性储备下降	前期止跌，趋于平稳；后期流动性水平迅速上升

6.3　企业所得税变化对上市公司流动性的影响

征收所得税反映了企业所创造的经济利益在企业与国家之

① 羊群效应：经济学里经常用以描述经济个体的从众跟风心理，是企业市场行为的一种常见现象。在一个竞争非常激烈的行业中，如果这个行业有一个领先企业（领头羊）占据了主要的注意力，那么整个羊群（行业中的企业）就会不断模仿这个领头羊的一举一动，领头羊到哪里吃草，其他的羊也到哪里吃草。

间的分配，所得税变化对企业的利润留存和融资渠道将产生影响，从而直接或间接影响公司流动性。具体从两个方面得以体现：一是税率变化的影响。高税率增加了企业的资金流出，降低了利润留存的积累速度，在外部融资不变的情况下，降低了企业的流动性整体水平；反之，如果降低企业的有效税率，则留存利润比例提高，企业的资金存量就会有所增加。二是扣税项目变化的影响。扣税项目严格，会减少企业的税前抵扣金额，减少净收益；扣税项目放宽，则会增加税前抵扣金额，增加企业净收益。另外，扣税项目的变化还会对企业的融资意愿等产生影响，这都会影响到企业的流动性水平。

6.3.1 企业所得税税率降低对上市公司流动性的影响

原来的企业所得税暂行条例对内资企业征收 33% 的所得税，明显高于外资企业。新的《企业所得税法》从 2008 年 1 月 1 日起开始执行。国务院第 197 次常务会议审议通过了《企业所得税法实施条例》，它和新企业所得税法一起，成为 2008 年 1 月 1 日后规范企业所得税政策的配套文件。新税法和实施条例对企业所得税相关制度进行了大幅调整，内资、外资企业实行统一的 25% 的企业所得税率，对内资企业而言无疑是重大利好消息。税制改革将减轻大部分国内上市公司的有效税负，在其他条件不变的前提下，使得企业在经营活动和投资活动中可以使用的有效资金增多，流动性储备增加。

简单举一例子加以说明。假设某上市公司的收入均为现金收入，支出均为付现支出，所得税当年汇缴结清。2007 年与 2008 年税前利润均为 10000 万，2007 年所得税率为 33%，2008 年为 25%，两年均不分配现金股利，其他情况均不变。则：

2007 年：所得税费用支出 3300 万，净利润（现金增加）6700 万

2008年：所得税费用支出2500万，净利润（现金增加）7500万

在其他条件不变的前提下，2008年仅因为税率降低使企业净利润（现金增加）增加800万，流动性水平明显上升。

6.3.2 企业所得税扣税项目调整对上市公司流动性的影响

新税法放宽了税前扣除项目。如《企业所得税法》第八条规定，企业实际发生的与取得收入有关的、合理的支出，包括成本、费用、税金、损失和其他支出，准予在计算应纳税所得额时扣除。比如在税前允许扣除的工资费用上，由原来的定额"应税工资"扣除改为"合理的工资薪金支出"，在一定程度上了减少了成本，提高了税后留利。

扣税项目的改变不仅从税后利润上影响上市公司的流动性，还会从融资方式改变上影响流动性。对外融资成本（包括"资金筹集费"和"资金占用费"）的降低将会增强上市公司在金融市场上融资的意愿，从而提高公司的外源融资能力。旧条例规定企业采用举债方式筹集资金而支付的利息，计算应纳税所得额时可予扣除，"税盾效应（Tax Shield）"①增强了企业选择债务融资的意愿。同时，旧条例规定发行股票筹集资金向投资者支付的股息、红利等权益性投资收益，则不得税前扣除，这在一定程度上减弱了企业在红利分配上的意愿。另外，从投资者角度考虑，由于分配到的现金股利将面临双重征税，企业投资者出于避税目的，会选择不走"长期投资路线"，而是采取股权转让方式，往往会选择在被投资公司经营效益较高、股票市

① 税盾效应：债务成本（利息）在税前支付，降低了企业实际承担的成本。而股权成本（利润）在税后支付，企业如果要向债权人和股东支付相同的回报，实际需要生产更多的利润。

值升高的情况下，转让所持有的股票等权益性投资，这不利于上市公司资本结构的稳定和可持续发展。

新税法保留了利息可以税前扣除、股息不得扣除的税务处理方式，但投资者取得的股息、红利等权益性投资收益可给予免税或税收抵免的待遇，能够在一定程度上解决对股息红利的双重征税问题，企业投资者的投资净收益将有所提高，在一定程度上能够激励投资者长期持有股票等权益性投资。这一方面有利于保持上市公司的稳定经营，另一方面也能够减少整体金融市场的换手率和市场投机行为，降低金融市场的波动性和风险性。基于“在手之鸟”[①] 理论，投资者也会更偏好上市公司分配现金股利，对上市公司的股利政策产生影响，进而影响其流动性。

6.4 货币政策与信贷政策对上市公司流动性的影响

货币政策又可称为狭义金融政策，是中央银行为实现特定的经济目标调节货币供给的各种方针和措施的总称。在现代市场经济条件下，货币政策已经融为经济体系的内生变量，通过调整货币供给量和市场上流通的货币存量，对宏观经济起着积极的调节作用。货币供给量和货币流通量直接影响上市公司的

① “在手之鸟”理论：源于谚语“双鸟在林不如一鸟在手”，是流行最广和最持久的股利理论。初期表现为股利重要论，后经威廉姆森（Willianms，1938）、林特纳（Lintner，1956）、华特（Walter，1956）和麦伦·戈登（Gordon，1959）等发展为“在手之鸟”理论。该理论的核心是认为在投资者眼里，股利收入要比由留存收益带来的资本收益更为可靠，故需要公司定期向股东支付较高的股利。该理论认为，用留存收益再投资带给投资者的收益具有很大的不确定性，并且投资风险将随着时间的推移进一步增大，因此，投资者更喜欢现金股利，而不大喜欢将利润留给公司。公司分配的股利越多，公司的市场价值也就越大。

融资渠道选择，进而影响其持有的流动性水平。货币政策种类繁多，其中大众较熟知的有法定存款准备金率等。

信贷政策是央行根据宏观调控和产业政策要求，对金融机构信贷总量和投向实施引导、调控和监督，实现信贷资金优化配置并促进经济结构调整的重要手段。信贷政策大致包含四个方面的内容：一是与信贷总量扩张有关，采取政策措施影响货币乘数和货币流动性；二是配合国家产业政策，通过贷款贴息等多种手段，引导信贷资金向国家政策需要鼓励和扶持的地区及行业流动；三是限制性的信贷政策，通过“窗口指导”或引导商业银行通过调整授信额度、调整信贷风险评级和风险溢价等方式，限制信贷资金向某些产业、行业及地区过度投放；四是制定信贷法律法规，引导、规范和促进金融创新，防范信贷风险。

货币政策和信贷政策相辅相成，相互促进。货币政策主要着眼于调控总量，通过运用利率、汇率、公开市场操作等工具，借助市场平台调节货币供应量和信贷总规模，促进社会总供求大体平衡，从而保持币值稳定。信贷政策主要着眼于解决经济结构问题，通过引导信贷投向，调整信贷结构，促进产业结构调整和区域经济协调发展。从调控手段看，货币政策调控工具更市场化一些；而信贷政策的有效贯彻实施，不仅要依靠经济手段和法律手段，必要时还须借助行政性手段和调控措施。

我国近几年各项基本金融指标快速增长，都超越本来已经高速增长的 GDP（见表 6.2）。

表 6.2　　　　M1、M2、M0 及 GDP 增长比较表

单位：万亿元

年度＼科目	M2余额	增长率%	M1余额	增长率%	M0余额	增长率%	各项存款余额	增长率%	各项贷款余额	增长率%	GDP增长率
2007	40.3	16.7	15.3	21.1	3.0	12.2	40.1	15.2	27.8	16.4	11.4
2006	34.6	16.9	12.6	17.5	2.7	12.7	34.8	16.0	23.9	14.7	10.7
2005	29.9	17.6	10.7	11.8	2.4	11.9	30.0	18.2	20.7	12.8	9.9
2004	25.3	14.6	9.6	13.6	2.1	8.7	25.3	15.3	18.9	14.4	9.5
2003	22.1	19.6	8.4	18.7	1.97	14.3	22.0	20.2	17.0	21.4	9.1
2002	18.5	16.8	7.08	16.8	1.73	10.1	18.3	18.1	13.98	15.4	8.0
2001	15.8	14.4	5.99	12.7	1.57	7.1	14.4	16.0	11.2	11.6	7.3
2000	13.5	12.3	5.3	16.0	1.47	8.9	12.38	13.8	9.94	13.4	8.0

注：M2——广义货币供应量，M1——狭义货币供应量，M0——流通中现金；表中数据来自《中国统计年鉴》。

随着外贸顺差不断加大、外汇储备不断创新高、人民币升值等问题的出现，货币供应量和流通中的现金快速增加，银行的存贷差也在不断扩大，银行流动性过剩问题日趋突出，金融市场成为经济过热的助推器。这不仅对金融体系的稳健运行带来挑战，也通过资本市场、金融市场对微观层面的上市公司流动性产生影响。本书有选择性地尝试从以下几个方面分析货币政策与信贷政策对上市公司流动性的影响：

6.4.1　法定存款准备金率调整对上市公司流动性的影响

近几年来，像“存款准备金”这样的主流经济学概念频繁进入大众视野，为社会公众所关注和逐渐熟知，业已成为当前宏观经济调控的“晴雨表”。法定存款准备金率是金融机构按规定向中央银行缴纳的存款准备金占其存款总额的比率。法定存款准备金比率的大小是影响银行资金充裕与否的一个重要因素。

调整法定存款准备金率，会改变货币乘数，引起货币供应量的改变，进而影响金融机构的信贷扩张能力，作用效果快而有力。货币银行学常识告诉我们，银行资金是否充裕，是决定商业银行是否具有放贷冲动的基础性因素。

法定存款准备金率不断调高，一般意味着中央银行执行渐进的紧缩性货币政策，货币乘数变小，导致资金紧张，货币供应量减少，降低了整个商业银行体系创造信用和扩大信用规模的能力，其结果是银根偏紧，利息率提高。如果上市公司是负债依赖型的资本结构，会造成资金来源紧张，资金成本提高，轻则造成流动性水平下降，重则导致流动性危机，使企业陷入财务困境。所以，这类上市公司为保证安全经营和满足投资等需求，需要相应提高流动性储备，增加内源融资比例，重新构建科学合理的融资渠道。相反，法定存款准备金率的提高对于偏重内源融资的上市公司影响不大，还可能由于社会融资成本提高带来的行业产品提价而从中得利。我国有一些上市公司的银行借款很少，甚至为零，例如五粮液（000858），根据其提供的年报数据，从2000年到2007年八年间长期借款均为零，每年8亿元左右的净利润为其提供了充足的流动性储备。2006年和2007年由于产品提价，利润剧增，该公司分别赚得净利润11.7亿元和14.7亿元，留存收益逐年积累，到2007年盈余公积和未分配利润两项之和就达到48亿元之多，而且主要以货币资金形式存在（2007年货币资金为40.6亿元）。可以说五粮液的财务政策过度稳健，加上没有利息成本负担，造成了一定程度上公司流动性过剩，财务资源低效浪费已成为客观事实。

调低法定存款准备金比率，意味着中央银行执行相应的积极性货币政策，银行资金充裕。商业银行受利益驱动，放贷积极性将会提高，于是就会降低放贷门槛，形成宽松的信贷投放环境，致使上市公司在融资来源上对银行资金的依赖性增强，公司内部流动性储备的心理预期发生变化。对上市公司来讲，从银行获取资金的利息成本和时间成本相应降低，整体负债水平提高。贷款渠道的畅通一方面为投资机会提供资金方面的可能条件，加速投资增长，另一方面又导致债务的过快增长。如果上市公司采用稳健性财务政策并且投资项目盈利，公司的资金就会在内部积累，形成充足的流动性储备；如果上市公司采用积极冒进的财务政策和投资决策，在宽松的放贷政策环境中对银行过度依赖，在债务增长和投资过度的双重压力下，流动性水平会明显下降。

在不考虑其他影响因素的前提下，法定存款准备金比率调整与上市公司流动性持有水平变化的关系，可以用表6.3描述：

表6.3　法定存款准备金比率调整对公司流动性变化的影响

法定存款准备金比率调整	金融机构信贷资金变化	公司类型	对公司流动性变化的影响
上调	减少	负债依赖型	资金成本提高，资金来源紧张，公司流动性水平降低
		内源融资型	资金成本相对较低或产品提价，销售收入增加，公司流动性水平增加
下调	增加	适度稳健财务政策	适度的负债和投资支出，流动性水平提高
		积极扩张财务政策	较多的负债和投资支出，流动性水平下降

从2003年9月起直至2008年6月，我国不断上调法定存款准备金率，从7%调至17.5%（见表6.4）。

从表6.4可以看出，在2006年和2007年，为了调整宏观流动性过剩，抑制过热的股票市场，法定存款准备金率几乎每月一上调。在各项基本金融指标数据一直高于总体经济发展水平的前提下，通货紧缩的货币政策效应愈加明显。每次上调存款准备金率就意味着冻结大量信贷资金，这种变化通过银行信贷和资本市场的传导，由宏观向微观产生深刻影响，首先波及的对象是资金密集型、资本结构偏重负债而需要从银行获取大量贷款的上市公司，最终从总体上降低了上市公司的流动性水平。

表 6.4　2003 年以来我国存款准备金率历次调整表

次数	时间	调整前	调整后	调整比例
21	2008 年 06 月 25 日	17%	17.5%	0.5%
20	2008 年 06 月 15 日	16.5%	17%	0.5%
19	2008 年 05 月 12 日	16%	16.5%	0.5%
18	2008 年 04 月 25 日	15.5%	16%	0.5%
17	2008 年 03 月 25 日	15%	15.5%	0.5%
16	2008 年 01 月 25 日	14.5%	15%	0.5%
15	2007 年 12 月 25 日	13.5%	14.5%	1%
14	2007 年 11 月 26 日	13%	13.5%	0.5%
13	2007 年 10 月 25 日	12.5%	13%	0.5%
12	2007 年 09 月 25 日	12%	12.5%	0.5%
11	2007 年 08 月 15 日	11.5%	12%	0.5%
10	2007 年 06 月 5 日	11%	11.5%	0.5%
9	2007 年 05 月 15 日	10.5%	11%	0.5%
8	2007 年 04 月 16 日	10%	10.5%	0.5%
7	2007 年 02 月 25 日	9.5%	10%	0.5%
6	2007 年 01 月 15 日	9%	9.5%	0.5%
5	2006 年 11 月 15 日	8.5%	9%	0.5%
4	2006 年 08 月 15 日	8%	8.5%	0.5%
3	2006 年 07 月 05 日	7.5%	8%	0.5%
2	2004 年 04 月 25 日	7%	7.5%	0.5%
1	2003 年 09 月 21 日	6%	7%	1%

注：表中数据来自《中国金融年鉴》。

6.4.2 市场利率调整对上市公司流动性的影响

利率政策是我国货币政策的重要组成部分，也是货币政策实施的主要手段之一。彭方平和王少平（2007）的研究表明，货币政策信用渠道正是通过利率效应等影响公司现金流，进而影响企业投资。央行根据货币政策实施的需要，适时运用利率工具对利率水平和利率结构进行调整，影响社会资金供求状况。利率工具包括中央银行基准利率、金融机构法定存贷款利率、存贷款利率浮动范围、利率结构档次调整政策等，其中金融机构法定存贷款利率决定了上市公司的债务融资成本，影响其投资和信贷需求，因此与上市公司流动性直接相关。利率调整作为一种调控信号，调控机制相对完善，具有一定的规律性、可预测性等特点，从资金成本和市场预期两方面对上市公司流动性产生直接或间接的影响。下面从存款利率和贷款利率两个方面加以论述。

首先，从存款角度讲，利率变动影响上市公司现金资产的收益率，进而影响上市公司的资金流向与流量，最终影响公司资产结构的调整。存款利率上调使得公司存款收益率增加，上市公司在平衡投资收益、风险系数、经营成本与存款收益的基础上，基于利益最大化和安全性的考虑，如果投资预期不明朗、风险较大，稳健的管理决策层倾向于等待而持有更多现金，去获取稳定的法定利息收益，从而提高流动性持有水平，增强经营的安全性。反之，存款利率下调使得存款收益率降低，持有现金的机会成本增加，上市公司管理层更愿将多余的资金用于投资或消费，从而相应减少上市公司流动性储备。在不考虑其他影响因素的前提下，存款利率调整与上市公司流动性持有水平变化的关系，可以用表 6.5 描述：

表 6.5　　存款利率调整对公司流动性的影响

存款利率调整	公司成本与收益的权衡	对公司流动性的影响
上调	存款收益提高，机会成本降低	流动性储备增加
下调	存款收益降低，机会成本提高	流动性储备减少

其次，从贷款利率角度讲，贷款利率调整会影响上市公司债务的利息，影响公司的盈利水平。调高贷款利率的主要目的是抑制投资过热，对企业来讲就会加重利息负担，增加负债融资成本和经营成本，增加其未来的资金流出量。一般情况下，企业在决定投资项目时，要利用现金流量贴现的方法计算净现值，基准利率上调使上市公司对投资项目的未来预期增加，从而降低投资项目的净现值，原来净现值大于零的投资项目可能变为净现值小于零，从而减少了投资项目支出。由于资金成本和投资预期的变化，在一定程度上改变了企业的投资结构和资本结构，投资支出减少，负债率降低，企业对自有资金的依赖性提高，积极利用内源融资，在内部积累资金提高流动性储备就成为必然选择。相反，调低贷款利率，使得企业贷款利息负担减轻，债务融资更为容易，财务杠杆效应趋于积极，投资冲动增强。基于成本优先原则的考虑，企业会积极利用外部债务融资，提高负债率。在投资需求增加和债务治理的双重作用下，流动性水平会逐步降低。在不考虑其他影响因素的前提下，贷款利率调整与上市公司流动性持有水平变化的关系如表 6.6 所示：

表 6.6　　贷款利率调整对公司流动性的影响

贷款利率调整	公司投资支出和资本结构变化	对公司流动性的影响
上调	利息成本提高，投资项目减少，负债率降低，内源融资比率上升	流动性储备增加
下调	利息成本降低，投资项目增加，负债率上升，内源融资比率下降	流动性储备减少

但是，值得注意的是，利率调整除了通过国内资本市场对上市公司流动性产生影响外，还会因为国际间的资本流动对上市公司流动性造成冲击。例如，利率上调会使人民币投资收益的预期增加，提升人民币的升值预期，造成大量投机资金滞留国内资本市场，从而导致某些上市公司股价上升，股权融资偏好增强，公司流动性显著上升。下面可以通过对比中、美两国的利率调整和利率差别，来简单分析国际利率差别对我国宏观流动性的冲击，以及如何通过股市传递到微观上市公司的流动性。表 6.7、表 6.8、表 6.9 是近年来中、美两国的利率及其调整情况。

表 6.7　2004 年以来我国金融机构人民币存款利率调整表

单位：年利率%

项目＼日期		2004 10.29	2006 8.19	2007 3.18	2007 5.19	2007 7.21	2007 8.22	2007 9.15	2007 12.21
活期存款		0.72	0.72	0.72	0.72	0.81	0.81	0.81	0.72
整存整取	一年	2.25	2.52	2.79	3.06	3.33	3.60	3.87	4.14
	五年	3.60	4.14	4.41	4.95	5.22	5.49	5.76	5.85

注：表中数据来自《中国金融年鉴》。

表 6.8　2004 年以来我国金融机构人民币贷款利率调整表

单位：年利率%

项目＼日期	2004 10.29	2005 3.17	2006 4.28	2006 8.19	2007 3.18	2007 5.19	2007 7.21	2007 8.22	2007 9.15	2007 12.21
六个月以内（含）	5.22	5.22	5.40	5.58	5.67	5.85	6.03	6.21	6.48	6.57
六个月至一年（含）	5.58	5.58	5.85	6.12	6.39	6.57	6.84	7.02	7.29	7.47
一至三年（含）	5.76	5.76	6.03	6.30	6.57	6.75	7.02	7.20	7.47	7.56
三至五年（含）	5.85	5.85	6.12	6.48	6.75	6.93	7.20	7.38	7.65	7.74
五年以上	6.12	6.12	6.39	6.84	7.11	7.20	7.38	7.56	7.83	7.83

注：表中数据来自《中国金融年鉴》。

表 6.9　　　2006 年以来美国隔夜拆借利率调整表

日期	2006 1.31	2006 3.29	2006 5.11	2006 5.29	2007 9.18	2007 10.31	2007 13.11	2008 1.22
利率%	4.50	4.75	5.00	5.25	4.75	4.50	4.25	3.50

注：表中数据来自 http：//haroo. blogbus. com/logs/14348958. html。美国的商业银行通常会紧随美联储的利率变化调整其最佳客户的优惠贷款利率，因此美联储的降息会随时间推移刺激经济增长。

从表中看，我国 2004 年至 2007 年是逐步提高利率，放贷资本收益较高，企业债务融资成本上升，但从世界范围看，以美国为代表的主要经济体一度普遍实行低利率政策，刺激经济发展。一边是我国迫于物价涨幅过高和经济增长由偏快转为过热的压力需要继续加息；一边是美国为刺激本国经济，大量发行货币，实行扩张性财政政策和货币政策，货币供给远远超过 GDP 的增长，特别是从 2006 年 5 月 29 日以来，不断减息。在中美利差拉大的现实情况下，资本逐利原则必然造成美国等西方发达国家的大量资金通过正常或非常规渠道流入中国资本市场，助推了我国 2006 年到 2007 年股市的火爆，上市公司股价大幅攀升，IPO、增发、配股频繁，股权融资大幅增加，资金来源充足。加上上市公司受利益驱动，增加对外股权投资比例，获取大量的投资利差，更助推了上市公司整体流动性水平的激增，也成为社会经济整体流动性过剩的原动力。

但是值得注意的是，当利率上升到一定高度，造成人民币升值幅度较大时，资本市场就可能出现“恐高症”，造成大量外部投机资金迅速撤离，上市公司流动资金就可能在某些环节出现“溃坝”现象，从而面临较大风险，给经济造成重大损失。2008年金融危机的严重后果，也正说明这一观点的合理性。央行也采取了一系列有效的应对措施。①

因此，上市公司要学会利用科学的筹资决策解决因利率变动对流动性的影响。对于资金密集和利率敏感的上市公司，更应该懂得利用利率调整的机会，采用符合经济规律的应对措施，不断地提高企业管理水平。

6.4.3 信用控制对上市公司流动性的影响

信用控制类型包括直接信用控制和间接信用控制。不同信用控制类型的实施，对上市公司流动性会产生不同的影响效果。

直接信用控制是中央银行以行政命令或其他方式直接对商业银行及其他金融机构的信用活动进行控制，依靠的不是市场机制，而是计划型的行政干预。手段主要有：根据金融市场状况和客观经济需要安排信用配给，对商业银行及其他金融机构的信贷进行政策性分配和限制；直接干预商业银行和金融机构的业务范围、信贷政策、信贷规模等。这些直接、强制性的信用控制，对市场的影响往往立竿见影，收效神速，就像严厉的

① 针对2008年国际金融危机加剧、国内股市低迷等现状，央行开始执行适度宽松的货币政策，于2008年9月25日和10月15日，两次下调存款准备金率1%和0.5%，9月16日下调一年期贷款基准利率0.27%，10月9日下调一年期存贷款基准利率0.27%，10月30日下调一年期存贷款基准利率0.27%。适度宽松的货币政策将改善企业的融资环境，刺激企业投资的积极性，保持国民经济可持续发展。

家长管教不听话的孩子。直接信用控制对上市公司流动性产生的影响是单项的、快速的。例如，当房地产过热时，中央银行为抑制房地产投机，针对金融机构房地产贷款所采取的限制措施，要求商业银行缩减对房地产市场、建材市场的信贷，规定信用交易比例，规定经纪人为银行的证券抵押贷款的比例。这样一来，依赖银行信贷融资的房地产业，其流动性必然受到很大的冲击。

间接信用控制是中央银行利用其在金融体系中的特殊地位和影响，通过向商业银行和金融机构说明自己的政策意图，影响商业银行贷款的数量和贷款方向，从而达到调控目的。通过对商业银行和其他金融机构发出通告、指示或与其负责人谈话，劝告其遵守并采取某种措施落实政府政策。间接信用控制属于相对柔性的政策，但也有针对指向性。

无论哪种类型的信用控制，其传导机制都具有一致性特征，只要是被指向的行业对象，其贷款资金规模、时效、可预期性等必然受到影响。这将对这些上市公司的投资资金来源和业绩产生一定的负面影响，进而影响其流动性持有。

6.4.4 贷款额度管理政策对上市公司流动性的影响

贷款额度管理政策属于中央银行以行政手段严格控制银行贷款，调节贷款投放水平的一种政策。贷款额度管理具有行业针对性，在各商业银行之间也有差异，其实施的直接后果就是影响商业银行对企业的贷款规模。贷款额度管理如同信用控制一样，对上市公司流动性会产生重大影响。

下面，结合新疆德隆事件，分析金融货币政策对微观流动性的影响。新疆德隆曾是我国证券市场上不败的神话，通过“高超的财技”，不仅主导了新疆屯河、湘火炬、合金投资三只股票天马行空的股价，且以此为平台，在金融和实业领域大肆并购，一手打造起一个庞杂甚至难以理清的企业帝国，在全盛时期，其资本控制力号称高达上千亿元。

从2003年到2004年，庞大的“德隆系”资金链条迅速断裂，波及面由内而外，导致了“德隆系”的崩溃。“德隆系”的崩溃深究其内部根本原因主要有二：一是快速发展与扩张战略本身的高风险性；二是以资本运作为手段而构建的股权结构的内在脆弱性。但是，从会计与财务的角度解释，就是流动性风险造成的结果，是流动性危机通过信用链条向与之有直接或间接信用关系的银行、上市公司、非银行金融机构，以及其他企业、团体和个人广泛传导的结果。

外部货币政策与信贷政策对新疆德隆的流动性危机其实起了推波助澜的作用。“德隆系”对银行贷款的依赖性很强，但在2004年，新疆德隆的风险开始引起银行系统的警觉，多家银行收缩对德隆的贷款额度，这是对德隆的致命一击。靠银行资金不断输血才能维持运营的“德隆系”，由于银行贷款额度的限制性管理，“资金缺血”直接导致“德隆系”公司全员股价跳水，进而引起债权人的恐慌，其全国各地的债主纷纷上门追债，德隆资金链条最终断裂，“德隆大厦”顷刻之间土崩瓦解。外部金融环境的变化对“德隆系”流动性危机爆发以致最终崩溃的诱导和催化作用实在不可轻视。

德隆的败落引起人们太多的反思。其中最为深刻的一点就是：依靠“短融长投”或用金融杠杆“以小博大”来获得超常规发展的模式风险极大。无论表面上多么强大的企业，如果不能妥善安排好资本结构，增强融资渠道的驾驭能力，资金来源与资金运用的不匹配都会带来无法承受的信用风险，使企业变成一个经不起风吹雨打、资金链条脆弱的企业。新疆德隆给上市公司进行资本运作带来了深刻的教训与启示：把企业运营发展的资金基础完全建立在银行等金融机构输血的基础上，是大错特错的。因为对企业来讲，货币政策和信贷政策等宏观经济环境，充满了不确定、信息不对称、不可控等因素，企业必须注重自身的“造血”功能。“造血”功能健全，就不会由于外部输血突然断裂而陷入流动性危机，就可以维持健康持续的发展。

6.5 股票市场变化（牛市、熊市）对上市公司流动性的影响

股票市场变化对上市公司流动性影响的生成机理，可以追溯至 Amihud and Mendelson（1986）开创性地发现了流动性与股票定价之间的关系，主要表现在证券市场上的价格变化会导致上市公司流动性发生变化。股票价格上升与下跌直接导致投资者的财富和信心的上升与下降，决定着投资者是否尽快考虑变现证券以供流动资金所需，资金流动性直接导致市场流动性水平波动。公司发行的股票价格和债券价格反映上市公司的资产质量和资信水平，股票价格和债券价格下跌与公司规模和资信水平下降是等价的，这会“堵塞”上市公司在证券市场上的融资渠道，增加资金来源的不确定性。如果经营状况因此受到影响，在外源融资受阻和内部生成不顺的双重压力下，流动性下降成为必然的结果。反之，公司发行的证券（包括债券和股票）价格上升，则会出现相反的结果——市场上的投资者会向公司提供资金，各种利好消息充斥，融资渠道畅通，上市公司流动性水平自然上升。

哈佛大学 Baker M. and Wurgler J.（2002）的《市场时机与资本结构》一文，更从市场时机理论（Market Timing Theory）

上验证了股票市场变化对上市公司流动性的影响。两位学者通过实证研究和比较分析得出结论：企业当前的资本结构实际上是对证券市场变化做出反应的累积结果。由此，企业与证券市场的博弈，也成为理论研究的新热点。股票市场往往有熊市和牛市之分。市场时机理论指出，在股价较高时选择股权融资，在股价较低时选择债务融资，以利用较低的融资成本优势。因此，企业需要根据证券市场条件的变化选择融资方式，在股票市场高估时发行股票，低估时回购股票，这样上市公司就可从投资者的亢奋而产生的高估股价中获得好处。在现实中正是如此，当股市处于牛市时，企业热衷于发行股票筹资，并从高估的股价中获得超额的资金，增加其流动性储备；当股市处于熊市时，股价被低估，股票融资成本高，企业会放弃股票融资，选择债务融资。同样的融资金额，采用债务融资带来的实际可利用资金要比采用股权融资带来的实际可利用资金少。其主要原因是债务融资的利息具有强制性，是必须支付的，而股权融资则不同，股利分配更大程度上是由公司自主决定，加上我国上市公司一向不注重现金股利分配，股权融资的成本更低，可利用资金比例更大。由于两种融资方式带来实际可使用资金有一定的差距，所以对公司流动性持有水平的影响也就不同。

下面通过表 6.10 来比较分析股票融资、股市状态与上市公司整体流动性水平的关系。

表 6.10　　中国上市公司股票融资、股市状态与上市公司流动性对比表

年度	IPO 与增发公司数量（个）	股票市场变化	上市公司整体流动性水平
1990	8	1990—1993.1 牛市（其中有短暂的熊市，总体呈牛市）	略（因为本书对上市公司流动性的研究主要采用 2003 年到 2007 年 5 年的数据，因此 2003 年之前的流动性整体状态省略）
1991	5		
1992	40		
1993	129	1993.2—1995.7 熊市（其中有短暂的牛市，总体呈熊市）	
1994	107（其中增发 1 家）		
1995	28		
1996	206	1996—1997.5 牛市	
1997	209		
1998	111（其中增发 7 家）	1997.6—1999.5 熊市	
1999	112（其中增发 5 家）		
2000	163（其中增发 30 家）	1999.5—2001.6 牛市	
2001	88（其中增发 13 家）		
2002	102（其中增发 31 家）	2001.6—2006.1 熊市	
2003	84（其中增发 15 家）		基本呈持续下降趋势（参见本章 6.7 内容，下同）
2004	110（其中增发 12 家）		
2005	18（其中增发 3 家）		
2006	81（其中增发 10 家）	2006.1—2007.12 牛市	出现拐点，基本呈上升趋势
2007	65（其中增发 20 家）		

注：表中 IPO 与增发公司数量根据国泰安数据计算而来。IPO 以上市之日为准，增发以公布增发意向书之日为准。

由于 IPO 会改变上市公司数量和行业分布，对计算上市公司整体流动性有一定的干扰作用，相比之下，增发公司数量能

更好地表现股权融资和证券市场状态的关系。在2002年到2005年，增发公司数量整体呈显著下降趋势，从2002年的31家下降到2005年的3家，此间上市公司流动性水平也持续下降（参见本章6.7内容）。从2006年开始，股市状态好转，牛市显现，增发公司数量突增，2006年为10家，2007年增加到20家，上市公司整体流动性水平也水涨船高，开始由下降变为上升。

通过表6.10也可以看出，在我国，当股市处于牛市时，IPO和增发公司数量会显著增加。这可能源于广大投资者在牛市中容易情绪激动，“跟风”现象严重。在此情境中，上市公司往往呈现较高的增发热情，有项目采用股票融资，无项目编造项目也要通过股票市场融资。而当股市处于熊市时，股民和上市公司的热情都会相应下降，IPO和增发公司数量会明显减少。这正好印证了市场时机理论。这样必然导致上市公司在牛市行情中频繁采用发行股票方式筹集大量资金，现金流入量大增，熊市中股权融资困难，融资资金相应减少。

6.6 证券市场完善程度对上市公司流动性的影响

在经济和金融业不断发展和深化的今天，流动性成为一个多属性的概念，资金流动性（Funds-liquidity）和市场流动性（Market-liquidity）往往相互作用，相互影响。它不仅是上市公司管理层维持公司可持续发展要考虑的主要财务指标之一，还是证券市场管理层维护市场繁荣的目标之一，更是投资者进行资产组合管理和投资决策时需要考虑的重要因素。

证券市场作为市场经济的高级表现形态之一，基本功能就是向市场提供流动性，为上市公司供应资金和为投资者供应金融产品。市场各个参与者的流动性目标是否能顺利实现，与证券市场的完善程度密切相关。一个健全高效的证券市场，不仅应当具有资金筹措的功能，更应该在投资、定价和优化社会资源配置方面发挥重要的作用。然而长期以来，我国证券市场的投机气氛浓厚，投资、定价和优化资源配置等其他基本功能长期被忽视和扭曲，使得我国证券市场几乎成为一个单纯的筹集资金的场所，影响和损害了上市公司和广大投资者的利益。完善的证券市场应体现"公开、公正、公平"三原则。其完善程度主要体现在多方面，如交易特征是否具有规律性，交易成本是否合理，竞争程度是否适度，交易机制是否科学，市场透明度的高低等。下面从证券交易特征和市场透明度两个方面进行分析。

6.6.1 证券交易特征对上市公司流动性的影响

证券交易特征主要表现为证券的流动性、收益性和风险性（简称"三性"）。流动性是决定一个市场是否有效而稳定的根本性因素。证券资产的流动性是指该资产变现的能力，反映的是一种公共属性（Commonality）。证券之所以可以流动，是因为它是有价证券，能为持有者带来一定的收益，是资本及其所有者追逐利润的结果；同时，证券在流动中也存在因其价格变化给持有者带来损失的风险。

证券交易有无规律特征可循，在一定程度上影响上市公司的流动性变化，因为现代企业理财也是越来越重视企业自身的"三性"。从某种意义上讲，企业理财的核心就是协调处理"三性"之间的关系，使之达到最佳组合。上市公司兼有证券提供者与投资者的双重身份，"三性"在其机体内是微观与宏观、内部要求与外部需求的统一，公司的兴衰发展与"三性"更是息息相关。如果证券市场的"三性"规律特征可以有效把握，根据市场传导机制原理，就能够培育社会认同的信心市场和诚信市场。虽然诚信与信心并不是市场起落的根源，但诚信与信心造就了市场。如果没有诚信与信心，也就没有了买家和卖家，一切将趋于沉寂，市场就不能维系长期的成长，进而影响到上市公司的投资收益、融资来源等，并对上市公司流动性持有预期产生相应的影响。2008 年，全球性金融危机爆发后，世界各国政府的政策推行的重要目标就是重振资本市场信心。

一般来讲，证券交易“三性”都有时效特征。“三性”时效特征与政策变换周期、消费周期、资金流动周期等因素有关。比如，我国一般在年末和春节前处于消费旺季，进出股市的资金较少，股市相对不活跃，而夏季的资金流动性较大，进出股市的资金较多，股价波动也大。上市公司对资本市场的选择在某些情形下必须考虑周期因素或季节性时机，其资本结构调整和持有的流动性水平也要做好相机选择。

6.6.2 证券市场透明度对上市公司流动性的影响

在瞬息万变的证券市场中，信息不断产生并持续地影响着证券交易价格的形成，因此证券市场可在一定程度上理解为一个信息市场。信息市场效率的核心就是如何提高市场的信息透明度。市场透明度是指证券市场的各方参与者在证券交易过程中获取信息的能力，既包含信息披露的真实透明性，也包含交易过程中能够获得的关于交易价格和交易数量的记录，以及交易数据信息的准确程度。信息质量的高低取决于信息传递的及时性、相关性和准确性。而现实中的信息失真现象比较严重，证券交易者可以按照掌握信息的程度不同分为知情交易者和非知情交易者。

在完善的市场中，信息是完全对称的，上市公司的信息以最快的速度传递给所有投资者，以利于投资者及时做出决策，减少风险。但现实中的证券市场是信息不对称的，这就意味着知情交易者可以从非知情交易者的信息劣势中得到较大的额外收益，非知情交易者将承担相对更大的风险。上市公司的信息披露越充分、时效性越强，市场参与各方获取信息的机会越多，证券价格也就越合理，资源配置越有效。上市公司信息及时、有效、充分地向外部投资者传递，提高交易发行证券前后信息的透明度，一方面有利于形成有效的外部监控机制与约束机制，减少内部人对外部股东的“掠夺”；另一方面也可以促使上市公司规范自己的融资行为，减少公司管理层的财务舞弊和盈余操纵行为，真正在项目需要投入资金时才进行融资。外部监督和内部自我约束可以提高公司的治理水平，保障资金的合理筹集和使用，为上市公司持有适度的流动性创造条件。

只有信息透明度高的有效证券市场才可能充分有效发挥证券市场的价值发现和资源配置功能，为资本市场的良性运转提供一个较好的基础。目前，我国上市公司所披露信息的充分性明显不足，且准确度较低，特别是对投资项目的预测性财务信息只是在招股说明书中披露，随后的中报和年报中披露较少。对于临时重大事件的披露及时性更差，极少有公司在股价发生重大变化之前主动披露其重大事件信息的。公司往往根据自身的利益需要而决定何时披露，这无异于为内幕交易和操纵市场行为创造了良机，从而使中小投资者利益受到损害，极大地影响了股票市场的有效性。有些公司为了骗取上市资格、最大限度地募集资金，把“一根稻草说成金条”，投资项目“无中生有”、“改头换面”的情况时有发生，甚至不惜过度包装，夸大经营业绩和盈利预测，以达到“圈钱”的目的。有的公司为了掩盖亏损而编造虚假的盈利，为了配合庄家的炒作题材，故意编造失实的业绩，或者散布虚假信息，从而误导广大投资者，以操纵股价为手段达到筹集资金的目的。在筹集到巨额资金后，由于投资项目不实或根本没有项目可投，就会造成资金闲置。信息透明度差、信息严重不对称给这些上市公司带来投机融资的“好处”，并导致其在短时间内流动性水平增加。从表面上看，这些公司似乎没有破产风险，但实际上由于资金浪费和利用信息欺骗带来的信任危机对公司的长期发展极为不利。同时，充足的流动性储备也为管理者“个人帝国”的构建提供了方便，更进一步侵害了股东的利益。上市公司披露虚假财务信息、隐瞒重大事项，虽然在短期内公司可能获得了一些利益，比如上市融资、达到增发或配股资格、操纵股价等，但是这些“短视行为”损害了公司在投资者心目中的形象，不利于企业的长远发展，是一种得不偿失的“短视型”错误做法。

从本质上讲，提高证券市场的信息透明度，所有上市公司向投资者及公众披露更多的相关信息，缩小非知情交易者和知情交易者在股票信息掌握程度上的差距，从长期来讲是一种“利己利他”的双赢行为。

6.7 上市公司流动性整体状况分析

正如本章开篇所言，宏观因素对公司流动性的影响主要体现在上市公司流动性整体趋势上，对公司个体的流动性影响会存在很大偏差。另外，宏观因素对公司流动性的影响具有间接性、外部性、综合性等特征，加上很多宏观因素难以量化以及第一手资料的欠缺，很难获取直接信息并实证检验。所以，本章实证部分主要是对我国上市公司整体流动性状况进行研究，作为对前文理论分析的佐证。

6.7.1 流动性指标、数据来源与样本公司选择

本章选择的流动性指标是第四章选出的现金流量充分性比率和经营现金净流量与流动负债比率。

本章以在沪、深两市上市的公司为研究对象进行研究，研究数据来自国泰安数据库。在样本的选取和整理中，遵循以下原则：选取在2003年至2007年连续五年上市的正常经营的非金融业上市公司，所以剔除金融业上市公司，剔除非金融业2003年以后新上市公司、暂停上市公司和终止上市的公司。基于上述原则，本书共选取了沪市和深市1210家A股上市公司作为样本公司。

在数据分析上主要是利用Eviews软件和Excel软件进行。根据国泰安数据库提供的上市公司年度报表数据信息，计算出样本公司五年内的现金流量充分性比率和经营现金净流量与流动负债比率，对1210家样本公司2003—2007年连续五年的数据进行分析。①

6.7.2 中国上市公司流动性总体状况的单一指标分析

对中国上市公司流动性水平的总体特征分析，主要采用描述性统计的分析方法，通过对现金流量充分性比率和经营现金净流量与流动负债比率的分析和对比，客观反映上市公司的流动性总体状况和时序变动趋势。

6.7.2.1 现金流量充分性比率的总体描述性统计分析

本小节分析以现金流量充分性比率指标表示的我国上市公司流动性总体水平特征，对样本公司现金流量充分性比率描述性统计量的计算结果见表6.11所示：

① 中国船舶（600150）2003年12月31日的资产负债表数据缺失，以9月30日资产负债表数据代替计算。

表 6.11　　现金流量充分性比率的描述性统计分析

	2003 年	2004 年	2005 年	2006 年	2007 年
Mean	0.5343	0.1875	-0.1461	-17.9363	1.2929
Median	0.0200	0.0018	-0.0093	0.0186	0.0446
Maximum	484.62	234.6278	209.5735	6123.374	273.6392
Minimum	-25.6571	-32.439	-251.329	-29737.5	-17.5714
Std. Dev.	14.1048	7.1089	10.2204	876.6765	13.0126
Observations	1210	1210	1210	1210	1210

表 6.11 显示，相对于其他年份，2006 年的样本数据分布较为分散。

现金流量充分性比率的中位数和均值在观测期内都有一个下降然后再上升的过程，中位数在 2005 年降至波谷，而均值在 2006 年降至波谷。无论是均值还是中位数，以现金流量充分性比率表示的中国上市公司流动性水平在 2005 年之前都是呈下降趋势，而在 2007 年都是呈上升态势。

现金流量充分性比率的均值从观测初期下降到 2006 年，降幅过大。主要的影响因子是样本 600381，该公司在 2006 年的现金净流量为负，而且数额过亿，而购建固定资产、无形资产和其他长期资产支付的现金，偿还债务支付的现金，以及分配股利、利润或偿付利息支付的现金合计才有 2156.72 元，从而导致该公司当年的现金流量充分性比率异常，影响到了当年的总体均值。①

中位数从 2003 年到 2005 年下降了 145%，2007 年同比上涨 123 个百分点，各年升降幅度略有起伏。

① 该异常值只是影响到折线图的起伏程度，对变动趋势影响不大。

6.7.2.2 经营现金净流量与流动负债比率的总体描述性统

本小节主要是分析以经营现金净流量与流动负债比率指标表示的我国上市公司流动性总体水平特征，该比率总体样本的各描述性统计量见表 6.12 所示：

表 6.12 经营现金净流量与流动负债比率的描述性统计分析

	2003 年	2004 年	2005 年	2006 年	2007 年
Mean	0.1912	0.1898	0.1691	0.1313	0.1548
Median	0.1160	0.1132	0.1141	0.1145	0.1109
Maximum	6.8169	6.5286	3.497	4.5012	3.3289
Minimum	-3.4379	-4.0204	-10.1073	-62.5108	-10.677
Std. Dev.	0.4655	0.4958	0.472	1.8470	0.4728
Observations	1210	1210	1210	1210	1210

与现金流量充分性比率指标相比，经营现金净流量与流动负债比率的数据分布较为集中，无论是中位数还是均值，五年内的变化都没有现金流量充分性比率指标大，相对较为平稳。以经营现金净流量与流动负债比率表示的我国上市公司总体流动性水平，延续了以现金流量充分性比率指标表示的时序态势，在观察期同样出现了先抑后扬的过程，均值在 2003 年开始下降，2006 年下降到最低值之后迅速上升，观测期内均值的环比增幅分别是 -0.75%，-10.96%、-22.35% 和 17.90%。样本公司经营现金净流量与流动负债比率的中位数五年内波动不大，波动幅度在 2% 左右。

需要说明的是，两个指标当中有些年份的最大值和最小值相差非常大，同一比率在各年之间也有很大差异，但各指标每年的异常值之间有一定的抵消作用。为了客观反映流动性的总体状况，考虑不应剔除过多的样本公司，因此在数据处理中并没有剔除这些数据。某些确实无法抵消影响的异常值，已经做了特别说明。

6.7.3 中国上市公司流动性总体水平状况的两个指标对比分析

均值和中位数都可以作为反映总体特征的统计量，但两者均有优劣。均值非常明显的优点之一，就是它能够反映所有数据的特征，缺点是会受个别极值的影响。中位数能够避免极端数据，但其最大的缺点是没有完全利用数据所反映出来的信息。鉴于以上考虑，为了更加客观地反映中国上市公司的总体流动性特征，在指标对比分析中，采用平均值作为分析总体流动性的统计量。现金流量充分性比率和经营现金净流量与流动负债比率2003—2007年的均值见表6.13所示：

表6.13　两个指标2003—2007年均值表

年份	现金流量充分性比率	经营现金净流量与流动负债比率
2003	0.534	0.1912
2004	0.1877	0.1898
2005	-0.1461	0.1691
2006	-17.9363	0.1313
2007	1.2929	0.1548

从表6.13可以看出我国上市公司流动性总体水平的时序特征。首先每个指标在各年间均有起伏，呈现不断变化的过程。两个流动性指标都有一个共同的显著特点，即所代表的流动性水平在2006年降到最低点，之后开始上升。为了更清晰地看到这一趋势，下面给出了现金流量充分性比率折线图和经营现金净流量与流动负债比率折线图（见图6.1、图6.2）。

从两个流动性指标的线形图可以清晰看出我国上市公司总

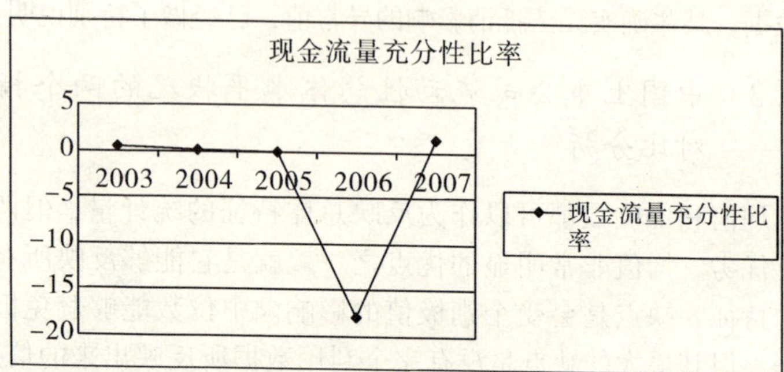

图 6.1　现金流量充分性比率时序变化图

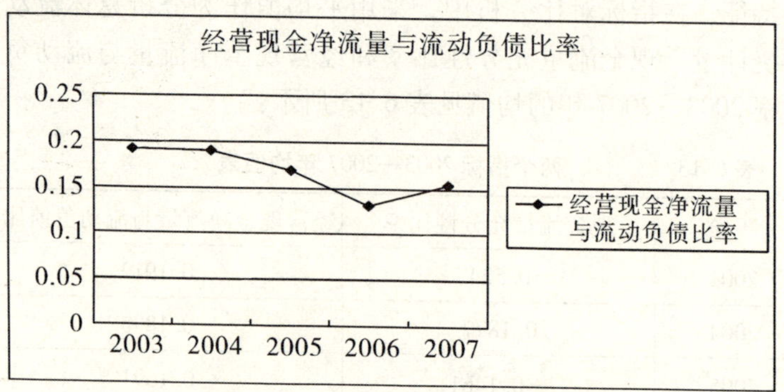

图 6.2　经营现金净流量与流动负债比率时序变化图

体流动性水平的时序变化。两个指标呈现出基本相同的走势，中国上市公司整体流动性水平在 2006 年之前持续下降，随后抬头上扬，这在某种程度上佐证了前文宏观经济因素对上市公司流动性水平的影响。① 两个指标基本相同的时序变化趋势，也说明了在反映上市公司总体流动性水平方面，两个指标基本符合

① 在这部分分析中，没有采取对公司流动性总体水平做横向国际比较的方法来验证宏观经济因素对公司流动性的影响，主要是考虑到与欧美等其他国家相比，我国资本市场、上市公司体制、股东权益保护程度、股权结构、资本结构等都有很大不同，加上计算流动性指标的多样化，更加剧了横向比较的难度，削弱了可比性。

一致性原则。

6.7.4 两个流动性指标的一致性检验

通过前文的描述性统计分析和时序变化分析，直观上看出现金流量充分性比率和经营现金净流量与流动负债比率两个流动性指标变化基本一致，具有同向性，符合第四章的选择流动性指标的原则，但两个指标在统计上是否具有同向性，还需进行相关性检验。

对每个年度的两个流动性指标进行相关性检验，结果见表6.14所示：

表 6.14 两个流动性指标的相关性分析

年度	2003	2004	2005	2006	2007
相关系数	0.0071	0.0768 （＊＊）	0.1641 （＊＊）	0.0237	0.0447

注：（＊＊）表示在1%的水平上显著（2 - tailed）。

从表6.14可以看出，在样本范围内，现金流量充分性比率和经营现金净流量与流动负债比率两个流动性指标是不相关的，可以相互印证。两个指标在观测期均是同向关系，2004年和2005年两个指标在1%的水平上显著，说明了对流动性总体趋势状况分析的可靠性。

6.8 本章总结

本章研究表明，上市公司所处的现实环境不是MM理论所假定的完美的资本市场、对称的信息和完善的制度，“看得见的手”与“看不见的手”相互博弈、相互影响、相互传导，对上市公司流动性产生深远影响。宏观因素对上市公司流动性水平的影响主要体现在对整体流动性趋势和总体状态分布方面，国家财政政策、货币政策和信贷政策相辅相成，通过调整扶持政策、调节货币供应量和信贷总规模、引导信贷投向、调整信贷结构等手段，在企业所得税、利率、信贷额度等传导下，通过影响上市公司的融资难易程度和资本结构对公司流动性产生影响。企业当前的资本结构实际上是对证券市场变化做出反应的累积结果（Baker M. and Wurgler J.，2002），证券市场的完善程度通过交易机制、信息透明度等影响公司的投资组合和筹资选择。虽然我国的证券市场还处于不断发展完善的过程中，但在本研究的五年观测期内很难有明显的区别。股票市场的冷热变化直接关系到上市公司股票的价格，并传递到债券融资的选择上，影响着公司流动性水平的高低。

宏观因素对公司流动性的影响存在行业和个体的偏差，主要是通过各种传导效应从总体上影响着上市公司流动性的整体态势，达到宏观调控的目的。采用时序变动的单一指标分析和多指标比较分析方法，对上市公司总体流动性水平状况的研究表明，我国上市公司的总体流动性水平在各年间存在明显波动，在2003年到2007年之间整体呈现先降后升的过程，总体流动性水平从2003年一路下降，到2006年降至谷底，而后快速上升，2007年总体流动性水平得到显著提高。这一研究结果佐证了宏观因素对公司流动性的影响（见图7.1）。

7

行业因素对上市公司持有流动性的影响

行业是具有共同或相似特征企业的集合群，是随着科技进步而进行社会分工的结果，各行各业组成了国家的宏观经济。研究上司公司流动性问题，不仅要分析宏观经济因素的影响，同时也要分析与企业赖以生存和发展直接相关的行业环境、行业特征等因素的影响。国家经济增长战略的引导与调整，除了控制经济总量外，主要是通过对行业规模、行业结构、行业发展方向进行调控，对特定行业与产业采取鼓励支持或紧缩限制，与之相匹配，国家相应的货币政策、信贷政策、法律政策、制度导向等都会发生变化。因此，行业因素既与宏观经济紧密相关，又直接关系到企业的生产经营、销售活动、投资活动和筹资活动，是联系宏观经济环境和上市公司的纽带和桥梁。

行业归属是上市公司的显著外部特征，每一家企业都不可能成为市场经济中的“独行侠”。同一行业内的公司有着相同或相似的产业环境、运营特性、产品受众市场、资产构成和资本结构；不同行业面临不同的竞争格局、风险水平和信用政策。比如，有些行业普遍采用较高的负债率，而有些行业的负债率却普遍很低，同行业企业往往趋于具有相似的资本结构，而不同行业企业的资本结构则有差别。陆正飞（2005）采用实证研究和问卷调查研究相结合的方式，发现企业规模、盈利能力、企业成长性和担保价值等影响企业的因素在不同行业之间有较大的差别。张羽和张小利（2007）利用 2002 年至 2005 年沪深两市数据研究房地产行业的流动性，结果表明房地产行业整体流动性水平较弱，存在着用短期资金满足长期资金需求的情况。杨兴全和孙杰（2007）利用 2003 年至 2005 年 A 股上市公司数据的研究有类似的结果。实证研究结果表明，行业因素与公司现金持有量具有显著相关性。陈霞（2008）对 2005 年和 2006 年上市公司总体流动性和负债率的研究结果表明，虽然整体上流动性和负债率负相关，但存在明显的行业差异。

不同行业的行业特征、竞争程度和行业风险不同，表现出来的各行业流动性特征也不尽相同。本章主要分析研究行业特征、行业竞争程度、行业风险对上市公司流动性的影响（见图7.1）。

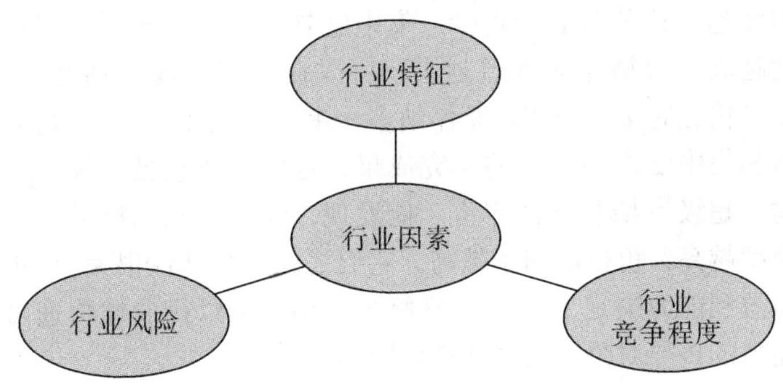

图 7.1 影响上市公司流动性的行业因素

7.1 行业特征对上市公司流动性的影响

基于社会分工，每个行业在结构上和技术上都有自己的重要特征。上市公司不同的行业结构、销售模式、生产流程、技术发展速度等都存在差异，这些特征既是该行业区别于其他行业的标志，也是保持其稳定和发展的基础特质。不同的行业特征会直接或间接影响该行业上市公司的流动性水平。

7.1.1 行业结构对公司流动性的影响主要是通过行业盈利性传递的

从经济学角度讲，行业结构主要是指行业中公司的数量和特征。行业结构是相对稳定的，但又随行业发展的进程而变化。

有些行业被少数几个大公司所控制，比如电信、石油、飞机制造等；而有些行业却有很多的公司，比如家电、家庭洗化用品等。迈克尔·波特（1980）就认为，决定一个企业盈利能力的首要和根本因素是行业的吸引力。一个行业中公司的数量越多，集中度越低；公司数量越少，集中度越高。一般来讲，行业集中度越高，价格与成本差越大，所以在决定市场盈利性方面，行业结构起着重要作用。莱昂纳多·韦斯总结了20多个行业的价格和集中度之间关系的研究成果，这些行业包括水泥、铁路运输、超级市场和汽油零售。他发现，除了个别的以外，市场集中度越高，价格趋向于越高，它们之间的关联性很大。[①] 由于公司盈利能力决定了留存利润额的大小，所以行业结构通过盈利能力的传导对公司流动性产生影响。

7.1.2 行业销售模式与资金回笼方式对公司流动性的影响

销售模式是指企业将产品销售出去所采用的有效方式，资金回笼方式主要是指企业收回前期投资支出资金的方式。虽然每个企业的具体销售模式和资金回笼方式都有差别，但一般情况下每个行业都有约定俗成的销售模式和资金回笼方式。拿医药行业来说，医药产品作为一种特殊产品，其销售模式和资金回笼方式较为特殊，明显区别于其他行业。该行业内产品的销售顺序一般是先由厂家将医药产品发货给批发站，批发站又将医药产品发货给医院；资金回笼顺序则与此相反，是从后向前，医院将产品全部或部分卖出后与批发站结款，然后批发站收款后再付给厂家。这种销售模式和资金回笼方式使得处于上游的医药产品生产商承担了很大的风险。如果产品积压或过期，损

① 戴维·贝赞可，戴维·德雷诺夫．马克·尚利．公司战略经济学［M］．武亚军，译．北京：北京大学出版社，1999：265.

失全由生产企业承担。即便是产品畅销，资金也往往被下游企业占用，少则几个月，多则几年。加上这种销售模式和资金结算路径带来的“三角债”，如果医药生产企业没有很强的筹资能力，流动性支付问题就随时会“光顾”。因此，这类上市公司的流动性管理措施在于保持一定规模的流动性储备，避免暂时性资金回笼不畅带来的支付压力。而在大型工程机械制造业中，多采用直销方式和现销、预收货款的资金回笼方法。工程机械制造行业中的企业大多都建立了自己的营销机构和办事处，在所属区域内开展营销工作，通过这些机构和办事处与终端客户面对面交流沟通并直接签订最终的合同。由于机械的专用性和复杂性，一般采用预售货款定制或现金销售，资金回笼快，资金周转相对顺畅，减少了其他营销方式所带来的经营风险和流动性风险。

7.1.3 行业技术发展速度对公司流动性的影响

市场需求和技术发展存在互动性和周期变动，当一种新技术出现后，相应地带动新的市场需求，市场潜在需求同时要求新技术、新产品的诞生。在一个行业里，正是这种市场需求与技术革新的交互促进、新旧更迭，推动了这个行业的发展。但不同行业的技术更新与发展速度不同，有慢有快，造成了不同行业的上市公司对研究开发费用的投入有很大差别。在技术更新速度快的行业，企业要投入大量的人力、物力和财力去进行技术研究与创新，研究开发需要投入大量的资金，且需要投资的新项目也较多；而在技术发展缓慢的行业，相对不需要很大的研发投入，投资项目也相对较少，流动性需求预期较低。因此，行业技术发展速度从多方面影响行业内上市公司的流动性水平。

7.2 行业竞争程度对上市公司流动性的影响

新古典经济学根据产品属性、价格决定机制等因素，将国民经济各行业分为竞争性行业（完全竞争、不完全竞争）和垄断性行业（寡头垄断和完全垄断）。一般而言，在产品市场竞争过程中，竞争各方为占领市场，抢占份额，往往会采取诸如价格战、广告战等促销手段，无论竞争结果如何，在竞争的过程中都会导致竞争各方利润和现金流的变化。因此，上市公司所在行业的竞争程度，也是影响其流动性的因素。

7.2.1 行业竞争程度对公司流动性的传导路线和作用机理

行业竞争程度主要通过资本结构和破产对管理者的威胁两条路线传导。

7.2.1.1 通过资本结构影响公司流动性水平

现金流量是公司流动性水平的一个表现方面，在产品市场竞争程度和资本结构关系的研究中，一般都会涉及公司未来现金流量及其分配的问题。如果价格战出现在产品市场竞争中，公司的利润和经营现金流入将随之下降，财务杠杆高的公司容易出现支付困难，最先陷入财务危机（Maksimovc V. et al, 1991）。所以，在市场竞争中主动发动价格战或者营销战（比如增加广告投入、给经销商让利等）的企业，往往是现金充裕的竞争对手（低财务杠杆公司）（Kovenock and Phillips, 1997）。这些公司通过价格战和营销战减少产品利润和经营现金流入，与其他企业比市场承受力，逼迫财务杠杆高的企业陷入危机，退出竞争。由于资本结构影响企业在产品市场上的后续投资能力、价格战等营销竞争的财务承受能力，高财务杠杆带来的融资约束对竞争能力具有显著的负面影响（Rain Raghuram and Luigi Zingales，1995），为避免在竞争对手实施掠夺性竞争中处于不利地位，公司会降低负债融资比例，提高现金持有量。

在竞争激烈的行业里，管理者为了在采取不同竞争战略时有胜算的把握，做到游刃有余，会倾向于使用内源融资，理性的选择是采用低财务杠杆的财务保守行为（Kovenock and Philips，1997），以消除来自资本市场的限制，这就要求企业保持较高的流动性储备。采用低财务杠杆、高流动性的财务保守行为，也是一种保持后续投资能力，提高价格战和广告战等营销竞争的财务风险承受能力的理性战略行为。从产品市场特征的角度看，公司的现金持有量与公司产品市场的竞争程度正相关（Haushalter，Klasa and Maxwell，2007）。杨兴全和孙杰（2007）以我国上市公司2003 年至2005 年的经验数据为样本，进行了描述性统计分析，结果表明产品市场竞争程度与公司现金持有量正相关，产品市场竞争越激烈，公司持有的现金就越多，越易保持产品市场中的竞争优势。20 世纪 80 年代中期以来，学者们对产品市场竞争和资本结构关系的研究表明，为避免陷入财务困境、降低破产等流动性风险，在竞争中保持低负债率和流动性储备是一种理性的选择。

7.2.1.2　通过破产对管理者的威胁影响公司流动性水平

竞争与淘汰是一对冤家，产品市场竞争增加了企业被清算的可能性。产品市场竞争中失败者的下场就是被迫清算或者被胜利者并购，这直接威胁到管理者的职位安全以及投资者的资金安全，无论哪种结果都不是公司管理层、投资人等利益相关者愿意看到的。为了避免竞争失败带来的职业威胁，管理者会提高公司的流动性水平来降低破产风险。Fee C. E. and J. Hadlock（2000）通过对1950年至1993年美国50个大城市的报社CEO更换的研究发现，竞争性市场比垄断市场有更大的经理人更换率，支持产品市场竞争的“清算威胁假说”。因此，产品市场竞争通过竞争失败的破产威胁，促进管理者出于自身利益的考虑保持较高的流动性，以防止资金链断裂、公司破产给自己造成的职位威胁。

7.2.2 竞争性行业和垄断性行业的公司流动性策略

由于高流动性水平会使企业避免在产品市场竞争中处于不利地位，所以在确定流动性持有水平时必须结合产品市场竞争程度。产品市场竞争性较弱，企业的破产风险就小；产品市场竞争性强，企业面临的破产威胁就大，独占经营的产品市场和竞争激烈的产品市场对企业流动性水平的基本要求就必须有所区别。在产品市场竞争激烈的环境中，企业如果没有足够高的流动性水平，就很可能由于流动性不足、资金链断裂而中途退出竞争，如果供应商、购买商、债权人等出于对自身风险控制的考虑，也采取一些让企业经营“雪上加霜”的行为，就会进一步导致销售下降和市场份额萎缩，最终可能使企业退出市场。因此，在产品市场竞争激烈的市场中，企业为在竞争中胜出，就会保持适度充裕的流动性，以利于在竞争中不断地开发新产品、增加广告投入、降低价格、让利于经销商等。当竞争对手之间经营效率无差异时，持有高水平流动性本身就是一项很强的竞争优势。在产品市场竞争程度低的行业里，比如垄断市场或寡头垄断市场，价格战等减少现金流量的营销竞争极少发生，而且在这种市场中产品销售或服务的价格比较稳定，财务困境成本也相对较低，企业的流动性持有水平会相对适中与稳定。

7.2.2.1 竞争性行业上市公司的流动性策略

完全竞争市场是一个纯粹的理论模型，就好像物理学中假定运动中的物体没有摩擦力一样，现实世界中很难找到这种现象。[①] 现实市场大多属于垄断竞争（也称不完全竞争市场）。垄断竞争行业的特点是企业数量很多。虽然各企业生产的产品具有同质特性，但每一个企业生产的产品都与其他企业的产品在质量、服务、品牌、价格上存在一定程度的差异，比如啤酒行业、家电行业、洗化行业等。

在垄断竞争行业里，由于企业（销售者）众多，为了争夺市场份额，扩大销售量，当一个企业敏感地察觉到有其他企业降价销售或增加广告投入时，如果危及自身的市场份额，那么这个企业也会加入其中。每一个企业生产的产品都与其他企业的产品在质量、服务、品牌、价格上存在一定程度的差异，就有消费者愿意为这些差异付出额外的成本，这就是平常所说的品牌忠实度。但由于产品众多，消费者选择的空间也很大，就会有大部分的现有消费者因为同类产品的价格下降而改变品牌的选择，潜在消费者也会因为某些厂家的广告轰炸而选择竞争对手的产品。所以，就会有越来越多的企业加入价格战和广告战，这种竞争虽然没有达到完全竞争市场那样白热化，但现实中垄断竞争市场的竞争也是非常激烈的。近年来我国家电市场的价格战就是一个很好的例证。

根据前文的分析，竞争性行业之间由于利益关系错综复杂，很难形成利益联盟，大多处于激烈竞争状态。处于这类行业的上市公司为了提高竞争力，避免破产清算带来的威胁，会持有较高的流动性水平。

7.2.2.2 垄断性行业上市公司的流动性策略

垄断性行业，又可分为完全垄断与寡头垄断。在当前国内上市公司领域，完全垄断缺乏形成的制度性基础和行业背景，

① 肖红叶．高级微观经济学［M］．北京：中国金融出版社，2003：140.

而寡头垄断却客观存在。

寡头垄断行业的特点是企业数量很少，垄断生产经营、产品价格与市场。这类公司本身规模都较大，实力相当雄厚，一般为资金密集型和技术密集型，往往由于制度、资金、技术等因素限制，行业壁垒森严。我国的寡头垄断行业主要是基础产业、公用事业领域，如石化、通信、电力等关系国计民生的基础性行业，其产品为社会、人民生活所不可或缺，这些行业基本都有国家或地方政府作后盾，运营安全系数较高，业绩增长平稳，现金流稳定。由于不必支付高额的市场开发费用，其流动性持有动机主要是投资，流动性水平会随着投资计划与规模的变化而改变。

7.3 行业风险对上市公司流动性的影响

行业风险包括一个行业的政策风险、信贷融资风险、竞争风险、市场风险等。行业风险对行业内企业的流动性产生直接影响。一般情况下，风险大的行业，企业会持有较高的流动性去应对，而在风险较小的行业，企业也会相应降低流动性水平。

从政策风险和信贷融资风险角度考虑，国家产业政策对不同行业的扶持和限制程度存在差异，导致不同行业的信贷能力和信贷风险不同。政策倾向性强的行业，其整体融资能力较强，如果预期政策扶持力度变化不大，政策风险就很小，企业就会降低应对风险的流动性储备。但如果预期政策会发生很大变化，特别是预期政策将减少对本行业的扶持时，企业会顾虑随之而来的信贷风险，就会增加流动性储备，以应对预期的政策风险和融资风险。

就行业竞争风险和市场风险而言，如果行业竞争风险大，企业为增强竞争能力，会增加调动资金的灵活性，参与广告战、价格战或新产品开发竞争，流动性储备正好可以满足这一要求。而在竞争程度较小的行业，这种流动性要求相应较低（这一问题在前文有更详细的论述）。这里的市场风险主要是指产品市场风险，是市场需求向不利于预期销售目标的变化。产品市场处于稳定期的行业，其相应的市场风险小于处于开发期和衰退期的行业；技术更新速度也使不同行业面临不同的市场风险，技术更新频繁的行业会给行业内公司带来很大的市场压力和风险，而技术稳定的行业则市场风险相对较小。一些行业生产不规范也会造成较高的产品市场风险。例如2008年的“三聚氰胺毒奶粉”事件，其实就是行业规范带来的市场风险，它直接的后果是造成牛奶制品的严重滞销与相关上市公司股价大跌，从而导致奶制品企业的现金流迅速下降。如果没有足够的流动性储备应对此次危机，就会造成资金断流和破产。如果不考虑其他因素的影响，行业竞争风险和产品市场风险大的企业应持有一定的流动性储备来应对，而在行业竞争风险和产品市场风险低的行业内，企业的流动性水平会相对较低。

总之，行业风险不同造成行业内公司预期的财务拮据成本、破产成本等会有很大差别，导致持有的流动性水平存在差异。

7.4 中国上市公司流动性水平的行业特征分析

上文的实证研究佐证了上市公司总体流动性水平的确受宏观因素的影响，但不同行业间的业务特征、行业风险等存在明显差别，行业流动性水平特征也应存在差异。下面对行业流动性水平的实证研究，主要是通过对我国上市公司各行业进行横向静态比较分析和纵向动态时序变化分析，分析行业流动性特征和行业间差异。

7.4.1 数据来源与行业分类

本章的流动性指标、数据来源与样本公司仍沿用第六章实证部分的选择结果。

行业分类采用中国证监会制定的《中国上市公司行业分类指引》中的分类原则和方法，由于本书的研究对象是非金融业上市公司，所以剔除金融与保险业，共分为12个行业进行研究。具体行业分类及样本数见表7.1所示：

表7.1 上市公司行业分类编码、行业名称及样本数目表

行业编码（12类）	行业名称	样本公司数（个）
A	农、林、牧、渔业	24
B	采掘业	18
C	制造业	694
D	电力、煤气及水的生产和供应业	52
E	建筑业	20
F	交通运输、仓储业	52
G	信息技术业	77
H	批发和零售贸易	75
J	房地产业	52
K	社会服务业	36
L	传播与文化产业	8
M	综合类	102
合计	——	1210

7.4.2 各行业流动性水平的描述性统计

首先对各行业的现金流量充分性比率及经营现金净流量与流动负债比率进行描述性统计分析。下面主要列示各行业两个流动性指标的均值和中位数。表 7.2 和表 7.3 分别列示了各行业两个流动性指标的均值，表 7.4 和表 7.5 分别列示了各行业两个流动性指标的中位数。

表 7.2 各行业现金流量充分性比率均值表

行业	2003 年	2004 年	2005 年	2006 年	2007 年
A	0.0500	-0.036	-0.1502	-0.2105	0.9301
B	0.3948	0.0620	0.1142	-0.3957	0.1456
C	0.7553	0.2486	-0.1616	-41.7459	1.4643
D	-0.4738	-0.0277	0.6531	-0.1732	0.1947
E	0.3824	-0.1801	-0.0100	0.2721	0.0855
F	0.2202	0.0954	0.2910	0.1387	-0.1569
G	1.1313	-0.2517	-0.104	13.7414	0.6762
H	0.2656	-0.0061	0.1578	0.2887	3.6228
J	0.3374	0.1770	-0.2829	0.1633	0.4805
K	-0.2010	0.3705	-0.0393	0.1376	0.0880
L	0.1739	0.4901	-4.2483	-0.1278	0.3515
M	0.0169	0.4652	-0.6462	60.7312	1.6442

表 7.3 各行业经营现金净流量与流动负债比率均值表

行业	2003 年	2004 年	2005 年	2006 年	2007 年
A	0.0184	0.0189	0.0803	0.173423	0.0756

表7.3(续)

行业	2003 年	2004 年	2005 年	2006 年	2007 年
B	0.5118	0.5743	0.4159	0.434695	0.3320
C	0.1669	0.1621	0.1482	0.08029	0.1348
D	0.5405	0.3446	0.2887	0.368866	0.2571
E	0.0241	0.0229	0.0825	0.085875	0.0503
F	0.7733	0.8410	0.7449	0.617481	0.6155
G	0.1211	0.0532	0.1095	0.073776	-0.0526
H	0.1014	0.1764	0.1228	0.155738	0.1344
J	-0.0528	0.0954	0.0098	-0.02911	0.0284
K	0.3830	0.2892	0.2491	0.327919	0.3320
L	0.3180	0.1760	0.2612	0.271701	0.3728
M	0.0774	0.0957	0.0630	0.06361	0.1744

表7.4　　各行业现金流量充分性比率中位数表

行业	2003 年	2004 年	2005 年	2006 年	2007 年
A	-0.0374	-0.0056	-0.1172	-0.0260	0.0840
B	0.1971	0.0151	-0.0228	-0.0067	0.0163
C	0.0093	-0.002	-0.0061	0.0163	0.0318
D	-0.0046	-0.0113	-0.0216	0.0184	0.0438
E	0.0759	-0.0274	0.0033	0.0254	0.0780
F	0.0082	0.0171	0.0074	0.0237	0.0114
G	0.0441	-0.0620	-0.0152	0.0783	0.076
H	0.0515	0.0216	0.0264	0.0417	0.1095
J	0.0393	0.0513	-0.0371	0.0385	0.1586

表7.4(续)

行业	2003 年	2004 年	2005 年	2006 年	2007 年
K	0.0248	-0.0138	0.0094	0.0109	0.0466
L	0.1324	0.1591	0.0078	0.0190	0.1493
M	0.0408	-0.0143	-0.0412	0.0350	0.0582

表 7.5　各行业经营现金净流量与流动负债比率中位数表

行业	2003 年	2004 年	2005 年	2006 年	2007 年
A	0.0707	0.0764	0.0483	0.0682	0.0476
B	0.4429	0.5369	0.3837	0.4823	0.3210
C	0.1171	0.1056	0.1109	0.1125	0.0978
D	0.2671	0.2798	0.2649	0.2854	0.2691
E	0.0146	-0.0181	0.0470	0.0809	0.0335
F	0.3976	0.5128	0.4255	0.3988	0.2867
G	0.0499	0.0625	0.0794	0.0448	0.0391
H	0.1018	0.1304	0.1281	0.1301	0.1490
J	-0.0196	0.0060	0.0113	0.0025	-0.0307
K	0.1917	0.2428	0.2020	0.2402	0.2727
L	0.2622	0.0630	0.1615	0.0269	0.1809
M	0.0399	0.0750	0.0811	0.0410	0.0800

7.4.3　各行业流动性水平的横向静态比较分析

各行业流动性水平的横向静态比较分析主要是分析同一年度不同行业的流动性水平。由于各行业样本公司数量不同、规模不同、性质不同，而且同一年度各行业的极值差别很大，这会对同一年度的各行业均值产生重要影响。基于消除行业间样本公司数目、行业极值及行业规模影响的考虑，在横向静态比较中采用中位数作为比较统计量，在各行业间进行比较分析。

7.4.3.1 行业流动性水平差异检验

同一年度不同行业的流动性水平是否存在显著差异，需要运用 Kruskal - Wallis 进行非参数检验，检验同一年度不同行业的流动性水平是否具有显著差异。如果确实存在显著差异，再进一步进行行业间两两中位数比较。Kruskal - Wallis 非参数检验没有正态分布和方差相等的前提假设，适用范围较广。

Kruskal - Wallis 非参数检验的结果见表 7.6 所示：

表 7.6　　各年度行业间差异的非参数检验结果

现金流量充分性比率的 Kruskal - Wallis 检验结果					
年度	2003	2004	2005	2006	2007
卡方值	27.32 （＊＊＊）	14.6	19.25 （＊）	9.03	25.79 （＊＊＊）
经营现金净流量和流动负债比率的 Kruskal - Wallis 检验结果					
年度	2003	2004	2005	2006	2007
卡方值	168.71 （＊＊＊）	154.81 （＊＊＊）	159.25 （＊＊＊）	178.68 （＊＊＊）	154.09 （＊＊＊）

注：＊、＊＊、＊＊＊ 分别表示 10%、5%、1% 的条件下显著。

表 7.6 的 Kruskal-Wallis 非参数检验结果表明，我国上市公司流动性水平确实存在显著的行业差异。

7.4.3.2 现金流量充分性比率的行业横向静态比较分析

为了更直观地对 2003—2007 年各行业的流动性水平进行横向静态分析，需要画出观测期内每年各行业的现金流量充分性比率中位数的柱状图（见图 7.2 所示）。

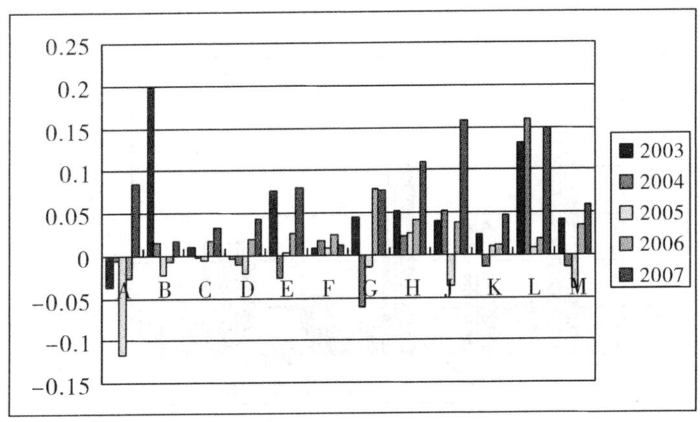

图 7.2　各行业现金流量充分性比率比较图

现金流量充分性比率在每一个观测期内各行业的变化较大。在2003 年、2004 年和2007 年，传播与文化产业（L）相比之下流动性水平均较高。除了传播与文化产业，2003 年采掘业（B）的流动性水平也高达0.1971，农、林、牧、渔业（A）的现金流量充分性比率最低（-0.0374）。2004 年的行业最低值出现在信息技术业（G，-0.0170），其他行业基本都在-0.05～0.05 之间。2005 年和2006 年农、林、牧、渔业（A）的现金流量充分性比率为各行业最低（分别为-0.1172 和-0.0260），批发和零售贸易（H）两年间流动性水平均较高，另外信息技术业（G）在2006 年的现金流量充分性比率居各行业之首（0.0783）。2007 年房地产业（J）的流动性水平高居各行业之首，这与当时的房地产市场过热有关。与其他行业比较，交通运输、仓储业（F）和采掘业（B）的现金流量充分性比率较低。

7.4.3.3　经营现金净流量与流动负债比率的行业横向静态比较分析

2003 年至2007 年各行业的经营现金净流量与流动负债比率

中位数柱状图见图 7.3 所示。

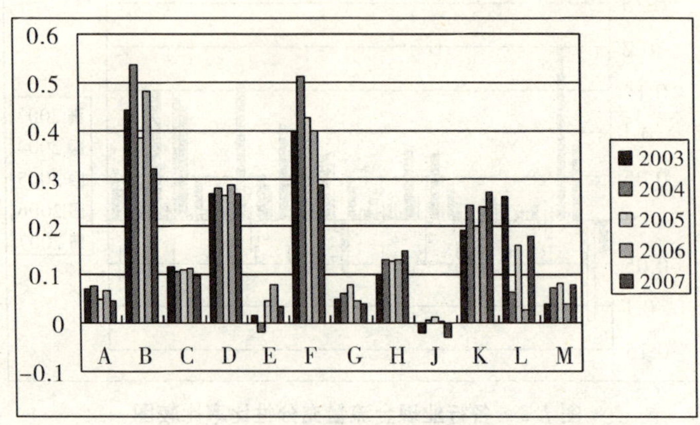

图 7.3 各行业经营现金净流量与流动负债比率比较图

与现金流量充分性比率相比，观测期每一年的各行业经营现金净流量与流动负债比率水平较为一致。采掘业（B）和交通运输、仓储业（F）五年内的经营现金净流量与流动负债比率都处于较高水平，紧随其后的是电力、煤气及水的生产和供应业（D），社会服务业（K）。而房地产业（J）则在五年内的经营现金净流量与流动负债比率基本都是最低。① 与其他行业相比，传播与文化产业（L）在各年的经营现金净流量与流动负债比率变化幅度虽然较大，但其行业流动性水平除 2006 年稍低外，其他年份都处于中间水平。

7.4.4 各行业流动性水平的纵向时序变化动态比较分析

各行业流动性水平的时序变化动态比较分析主要是对同一

① 此处房地产行业 2007 年走势与以“现金流量充分性比率”表示的该行业流动性水平在 2007 年显著上升矛盾，原因在 7.4.4.2 中做进一步分析。

行业在不同年度的流动性水平进行的动态分析，分析同一行业的流动性变化趋势。沿用行业静态比较分析的统计量，在行业时序变化动态比较分析中仍采用中位数作为比较统计量。

7.4.4.1　现金流量充分性比率的行业纵向时序变化动态比较分析

多系列折线图在多个时序变化分析中可以表现每个行业的变化动态，又可以直观地对各行业的流动性水平进行对比，因此在此部分分析中需要分别画出两个流动性指标 12 个行业的折线图。首先对每个行业五年内的现金流量充分性比率中位数画出折线图，结果见图 7.4 所示：

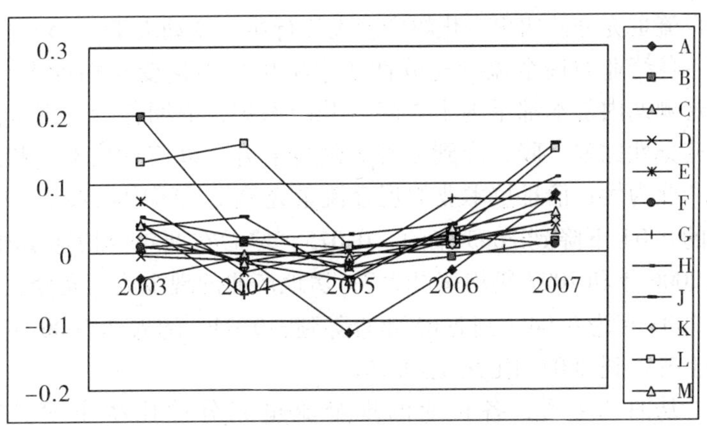

图 7.4　各行业现金流量充分性比率时序变化图

折线图反映出各行业的变化幅度各异。为更好地理解这一特征，对各行业按现金流量充分性比率中位数变动绝对值进行划分，划分为四个等级，分别为变动绝对值小于 0.05、大于等于 0.05 小于 0.1、大于等于 0.1 小于 0.15、大于等于 0.15，具体见表 7.7 所示：

表 7.7　　现金流量充分性比率中位数绝对值变化量行业分布表

行业中位数绝对值变化量	<0.05	0.05 ~0.1	0.1 ~0.15	≥0.15
行业	F C	K D H M	G A E	B J L

注：表中行业变动量由小到大排列。

结合图7.4 和表7.7 分析，五年内现金流量充分性比率变化较小的行业有交通运输、仓储业（F），制造业（C），社会服务业（K），电力、煤气及水的生产和供应业（D）（变动均小于0.1）；传播与文化产业（L）、房地产业（J）和采掘业（B）是现金流量充分性比率变化幅度较大的行业（变动大于0.15）。

各行业的现金流量充分性比率中位数无论变动幅度大小，在观测期内基本都呈现出先降后升的态势，前期各行业现金流量充分性比率下降，降到波谷后随之上升。以信息技术业和房地产业为例：信息技术业的现金流量充分性比率中位数从2003年的0.04 下降到2005 年的 -0.015，然后在两年内快速增加，到2006 年和2007 年均超过0.7；房地产业的现金流量充分性比率2003 年为0.04，到2005 年直降到 -0.04，随后在2006 年迅速上升，到2007 年已接近0.16。

从图 7.4 看，各行业的现金流量充分性比率主要分布在 -0.1 ~0.1 之间。

7.4.4.2　经营现金净流量与流动负债比率的行业纵向时序变化动态比较分析

对每个行业五年内的经营现金净流量与流动负债比率中位数时序变化画出折线图，结果见图7.5 所示：

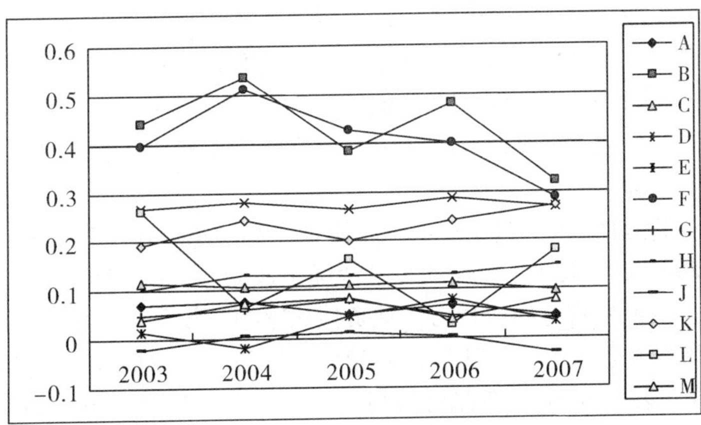

图 7.5 各行业经营现金净流量与流动负债比率时序变化图

各行业按经营现金净流量与流动负债比率中位数变动绝对值进行划分，由于变动幅度集中在两个区域，所以按大于等于 0.05 和小于 0.05 划分为两个等级，具体见表 7.8 所示：

表 7.8 经营现金净流量与流动负债比率中位数绝对值变化量行业分布表

行业中位数绝对值变化量	<0.05	≥0.05
行业	C D A G M J H	K E B F L

注：表中行业变动量由小到大排列。

以经营现金净流量与流动负债比率表示的行业流动性水平的变动幅度，一部分延续了前面对现金流量充分性比率行业变动的分析。变化幅度最大的仍然是传播与文化产业（L），分析其原因，发现主要是样本数少导致的。传播与文化产业的样本公司只有 8 个，虽然中位数可以避免极值的影响，但在样本很少的情况下，中位数同样会较大程度地受个别样本的影响。

除了传播与文化产业，交通运输、仓储业（F）和采掘业

（B）的变动最大，经营现金净流量与流动负债比率变动绝对值分别达 0.22 和 0.21，制造业（C）、农林牧渔业（A）、综合类（M）及批发和零售业（H）的经营现金净流量与流动负债比率变化较小，经营现金净流量与流动负债比率中位数变动幅度均小于 0.05。

采掘业（B）的经营现金净流量与流动负债比率在 2004 年和 2006 年形成两个波峰，2007 年降至最低。交通运输、仓储业（F）的经营现金净流量与流动负债比率则持续下降，也在 2007 年降至最低点。但与其他行业相比，这两个行业的经营现金净流量与流动负债比率都是最高的，连续五年保持在 0.3 以上，远远高于其他行业。电力、煤气及水的生产和供应业（D）的经营现金净流量与流动负债比率五年内波动不大，一直保持在 0.26 以上。社会服务业（K）的经营现金净流量与流动负债比率虽然有些波动，但基本呈上升态势，从不足 0.2 上升到超过 0.27。除采掘业和交通运输、仓储业以外，这两个行业也属于经营现金净流量与流动负债比率较高的行业，基本保持在 0.2 到 0.3 之间。

房地产业（J）的经营现金净流量与流动负债比率一直处于很低的水平，五年都在 0.02 以下，2006 年和 2007 年还有所下降，这与前文分析的该行业现金流量充分性比率在 2006 年和 2007 年上升的情况有些出入。经分析原始数据发现，与 2005 年相比，房地产业 2006 年和 2007 年来自于筹资活动的现金净流量上升很快，按平均值计算，两年分别上升了 53.51% 和 114.60%，而与此同时，经营活动产生的现金净流量却分别下降了 28.81% 和 77.69%。这就导致了经营现金净流量与流动负债比率下降而现金流量充分性比率上升的结果。

其他六个行业的经营现金净流量与流动负债比率变化不大，略有起伏，在五年内基本都处于 0 ~ 0.15 之间。

7.5 本章总结

本章研究表明，行业是影响上市公司流动性的重要因素，公司流动性具有行业特征和行业差异。公司流动性管理离不开对行业因素的研究分析。行业特征通过行业盈利能力、行业销售模式和资金回笼方式影响公司流动性，行业竞争程度通过资本结构、对管理者的破产威胁等影响公司流动性。行业风险决定不同行业公司面临的破产威胁不同，为规避不同行业风险带来的预期财务拮据成本和破产成本而持有的流动性储备就存在差异。因此，上市公司需要根据不同的行业结构、行业竞争性、行业生命周期等，结合行业业务特征、行业盈利水平、行业抗风险能力、行业筹资环境等多方面因素，制定符合行业特点和公司自身实际情况的流动性管理与控制战略，保持合理的流动性水平，提升在行业中的竞争力，促进公司的可持续发展。

对行业流动性水平状况的实证研究表明，从各行业横向静态比较分析看，每一年各行业的流动性水平相比变化较大，存在显著的行业差异。相比较而言，交通运输、仓储业在观测期内的流动性水平较为稳定，而且行业流动性水平也较高。从各行业的纵向时序变化看，综合类（M）、批发和零售贸易业（H）、制造业（C）属于变化较小的行业，而采掘业（B）、建筑业（E）和传播与文化产业（L）则属于变化较大的行业。除个别行业外，大多行业的现金流量充分性比率和经营现金净流量与流动负债比率都符合总体变化趋势，即在观测期间形成一个波谷，有一个先降后升的变化过程。

本章实证研究的不足方面，主要体现在有些上市公司跨行业、多元化经营，行业因素对公司流动性的影响程度难以有效界定。另外，行业因素多通过企业内部因素的传导影响公司个体的流动性，属于公司流动性的间接影响因素，难以直接验证行业因素对公司个体流动性的影响。

8 企业内部特征因素对上市公司流动性的影响

第六章和第七章对影响上市公司流动性的宏观因素与行业因素进行了分析，它们均是上市公司的外部因素。本章尝试研究企业内部因素对上市公司流动性的影响。内部因素对公司流动性的影响更为直接和有效。上市公司作为一个有机体，构成要素彼此相互关联、相互作用，可谓“牵一发而动全身”，每一环节的变动都会不同程度地影响整个肌体的健康与安全。本章基于公司价值理论架构，从资产负债表因素、利润表因素、现金流量表因素、公司治理因素、财务行为因素、公司外部特征因素等制度与非制度性因素进行多种角度分析研究，旨在找出公司内部因素与流动性的内在逻辑关系，以便上市公司科学管理流动性，提高自身资本效率，促进上市公司良性发展。在分析研究企业内部因素对上市公司流动性影响的过程中，本章分别采用理论研究、逻辑关系分析、实证分析等具体方法。

本章的逻辑结构见图 8.1 所示。

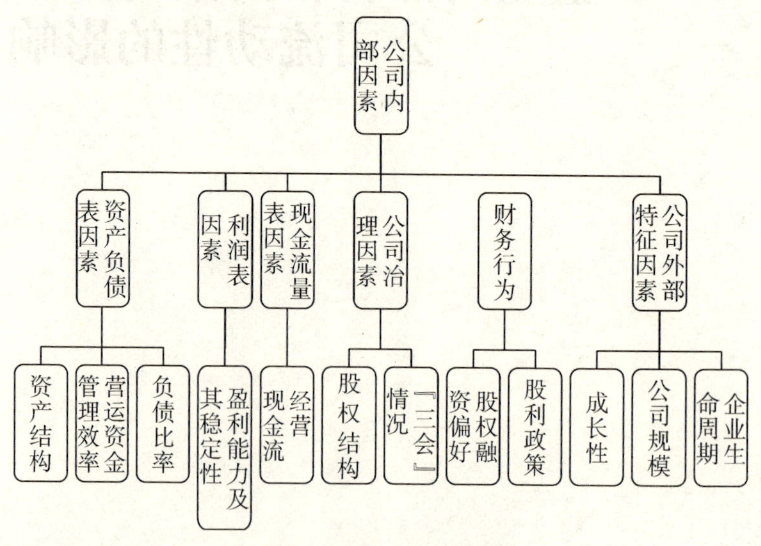

图 8.1　企业内部因素结构图

8.1 资产结构对上市公司流动性的多重影响

资产结构是影响资产流动性的重要因素。资产结构是一个复杂的组合体，体现了各种资产所占的比重。如果把上市公司比做一幢大楼，那么资产配置就是基础性框架结构。资产结构合理与否，关系到公司的安全性、收益性和流动性。一般认为，合理的资产结构应能满足四个条件：①保证公司生产经营顺利进行；②资产周转速度快，占用资金少；③资产的变现能力强，获利能力强；④公司整体价值能够持续增长，实现资产的保值增值。

长期资产（尤其是固定资产）是公司持续发展之基础，流动资产是企业健康成长之翼。流动资产与长期资产的配置质量是上市公司财务质量健康与否的根本，直接关系到公司的流动性水平，也直接关系到上市公司的根基是否稳固。资产结构按照不同的标准，可以划分为不同的类型。本研究按照资产结构与流动性的关系，把公司资产配置结构划分为扩张型配置、中庸型配置和保守型配置三种类型。不同的资产配置类型产生不同的流动性问题，下面分别进行分析。

第一种是扩张型配置，即流动资产小于长期资产的结构。在这种资产配置中，长期资产比重大于流动资产比重，企业扩张欲望强烈，整体流动性较弱，财务风险较大。由于固定资产的变现时间长、周转速度慢，如果固定资产或长期投资比率过高，造成资产变现能力弱，财务弹性变小，将直接削弱公司的流动性，甚至让公司陷入流动资金严重匮乏的“缺血”状态，进而影响上市公司的安全性与收益性，加大经营风险，危及公司的生存发展。

第二种是中庸型配置，即流动资产与长期资产比重大致相当的结构。这种资产配置是企业扩张和防范流动性风险两方面兼顾的类型。相对于扩张型资产配置，中庸型资产配置更注重财务的安全性，适当增加了变现能力强的流动资产比重。在实际运用中，也并不是说流动资产与长期资产的比重要绝对大致相当，重要的是要贯彻这种资产配置理念。企业在规模扩张过程中不能急功近利，适当的扩张速度应该是在保障合理流动性前提下的安全可持续增长的速度。

第三种是保守型配置，即流动资产大于长期资产的结构。这种资产配置中流动资产比例很高。理论上认为，持有大量的流动资产可以降低企业的流动性风险。当企业持有的现金不足以及时清偿债务时，流动资产可以迅速转化为现金，而非流动资产则不能，所以流动资产比率高可以降低流动性风险。但是要注意的是，虽然流动资产变现能力强，会在一个营业周期或者一年之内变现，但各种流动资产的变现能力差别很大。假如流动资产中应收账款的比例过高，或者存货规模较大，流动资产的质量会大打折扣，所以流动资产的内部结构和质量是影响公司资产流动性的关键因素。在保守型资产配置中，由于流动资产比例过高，计算出的流动比率等指标会很高。但表面的“流动性过剩”并不一定表明资金过多，钱用不出去，也可能是资产更多地被占用在效益低的流动性资产上。当企业把一部分高成本筹集的资金用在低收益的流动资产投资上，资产配置不佳就会降低企业的投资收益率，损害了企业的收益性。

在三种资产配置类型中，扩张型配置容易产生流动性危机，保守型配置则会损害公司的收益性。所以，从理论上讲中庸型配置是兼顾流动性和收益性的理想资产配置。在实际应用中，不同企业所处的行业不同，同一行业的企业所处的企业生命周期阶段也不同，比如商品流通企业存货比例高，资产配置中流动资产比重应比工业企业更高；处于成熟期的公司由于筹资渠道通畅、销售渠道稳定，在资产配置中要避免流动性“堆积”；创业板的公司在规模扩张时则要注意“流动性不足”的危险，所以应在资产配置中避免流动资产过低。总之，上市公司应根据自己的实际情况选择资产配置类型。此外，一个企业的资产配置还要根据实际情况适时调整。从一个特定时点看，资产配置是一个静态结构，但从一个时期看，资产配置则是一个动态结构，所以资产配置的合理性不是固定的。因此，管理层应谋求建立弹性机制，对长期资产和流动资产进行科学的配置管理。在资本结构稳定的前提下，上市公司运作资金的有效措施，就是用流动资产盘活非流动资产，使流动资产的灵便性发挥最大效用，争取用较少的流动资金，创造更大的收益。

8.2 营运资金管理效率对上市公司流动性的影响

从会计角度看，营运资金是指流动资产和流动负债的差额，反映公司的偿债能力；从财务角度看，营运资金是流动资产和流动负债关系的反映，强调对流动资产和流动负债两者的动态管理。因此，与公司流动性相关的营运资金是指财务角度的范畴。

营运资金管理是公司理财的重要内容，关系到公司的正常运营，其核心内容是对流动资金运用和流动资金筹措的管理，主要包括现金管理、应收账款管理、存货管理、应付账款管理等，管理目的就是谋求用有限的资金创造最大的效用。20 世纪 90 年代以后，关于营运资金的研究越来越注重企业的管理实践。

例如，从1997年开始，美国REL咨询公司和CFO杂志对美国最大的1000家企业的营运资金管理运行情况进行调研（The Working Capital Survey），每年发布一次年度调查报告，按营运资金管理绩效对所调查的企业分行业进行排名，并对企业营运资金管理的热点和趋势进行评述；王竹泉等学者在2007年对我国上市公司1997年至2006年的营运资金管理绩效展开调查，并分行业进行排名。科学有效的营运资金管理可以保证上市公司顺利实现长期规划中预测的现金流量，营运资金管理效率也就直接关系到公司流动性支付能力的强弱和安全流动性水平的高低。一般情况下，在同样的支付能力要求下，营运资金管理效率高的企业资金周转快，所需流动性水平相对较低，营运资金管理效率低的企业资金周转慢，所需流动性水平相对要高。

8.2.1 现金管理效率对上市公司流动性的影响

现金是指在生产过程中暂时停留在货币形态的资金，包括库存现金、银行存款、其他货币资金、现金等价物等，是流动性最强、盈利性较低的资产。现金管理的内容包括事前预测、日常监控和事后分析，具体有现金预算管理、现金流入与流出管理、现金结算管理和自由现金流量管理等部分。

现金管理是流动资金管理的核心工作，对企业来讲至关重要。比如，一个企业可以在失去一个客户或者一笔生意后继续经营，但有可能因为错误地计算了现金持有量而无法支付急需支付的工资、税款或者货款等而破产。早在1976年，Hampton C. Hager在《现金管理和现金周期》中就结合企业的生产过程探讨了现金流转状况，提出了改进现金管理，缩短现金周期的措施。上市公司现金管理的理想目标，应该是能够通过资金的集中管理和统一调配，从收支两个主要环节把握现金流动状况，保护现金资产的安全性，既降低资金成本，又有利于提高现金的使用效率。当经营活动和投资活动创造的现金流入增多时，要及时调整投资资金来源，增加内源资金的使用或增加有盈利的投资项目，避免现金“堆积”；当现金流出增加时，要及时回收应收款项、通过短期借款筹借短期资金或在一定限度内延缓应付项目的支付等，避免出现支付性危机。企业现金管理效率的高低体现在一定时间内现金的周转率上，周转时间越短，效率越高，经营管理中出现的资金减损和浪费就越少，单位金额的现金资产就能创造出更大的经济价值，这在一定程度上可以降低公司流动性储备的底线。反之，在同等交易支付需求和营运条件下，上市公司就不得不保留过多的应急性准备金，导致必要流动性储备增加。

随着上市公司规模的不断扩大以及市场分工的细化，现金管理面临着严峻的挑战，各上市公司的现金管理效率也参差不齐，表现在现金持有量上差距很大。就现金比率（即货币资金与资产总额比率）而言，2003 年到 2007 年间在深市和沪市连续正常上市交易的 924 家①非金融业 A 股上市公司的比率分布见表 8.1 所示：

表 8.1　　　　2003—2007 年现金比率分布表

现金比率 / 年度	>50%	50% ~ 40%	40% ~ 30%	30% ~ 20%	20% ~ 10%	10% ~ 5%	<5%	年平均现金比率
2007	15 个	9 个	59 个	133 个	358 个	229 个	121 个	14.88%
2006	10 个	16 个	49 个	128 个	365 个	238 个	118 个	14.60%
2005	8 个	19 个	44 个	139 个	353 个	241 个	120 个	14.63%
2004	9 个	25 个	59 个	153 个	342 个	240 个	96 个	15.69%
2003	26 个	28 个	78 个	155 个	353 个	211 个	73 个	17.47%

① 为了排除不稳定因素的影响，只选择 2003 年至 2007 年间正常上市交易的公司作为样本。此处的 924 家公司是在第六章和第七章样本公司的基础上，剔除了五年中曾被 ST、＊ST、PT 的 286 家公司后得到的。

从表8.1可以看出，2003年到2007年五年中，有60%以上的上市公司的现金比率在20%到5%之间，有15%左右的上市公司的现金比率分布在30%~20%之间，现金比率小于5%和大于50%的公司分别有10%左右。现金比率的平均值2003年到2006年降低了2.87%，到2007年又有所回升，但历年均在14%以上。总体上说现金资产的比率偏高，但公司之间差别很大，有少部分拥有大量的现金，高达50%以上，大量资金以货币形式存放在银行里，造成了资金闲置和浪费，严重损害了公司的收益性。而有些公司的现金比率却较低，支付能力较弱，容易出现支付问题。因此，如何对现金进行有效监管和控制，确定合理的现金比率，确保现金的合理使用和安全是现金管理的重中之重。

公司要想在现金管理上有效率，还要根据其发展阶段对资金的需求分阶段、分重点、分层次地进行管理。在创业和成长阶段，公司需要大量资金用来投资经营，筹资活动成为现金管理的重点，要做好现金预算和专项使用；在成熟期，经营现金流量较为稳定，投资势头下降，现金管理的目标是有效控制，规范现金的流入流出程序，严防疏漏现象，保证各种收入产生的现金能够流入企业，流出的现金要经过严格的授权批准程序，实现现金运转安全流畅。另外，还要正确理解现金流量与利润的关系。现金流量与利润的差异是由于会计确认基础不同造成的，充足的现金流量和较少的利润，在短期内可以维持企业正常经营，但长期发展将会出现问题；较多的利润和不足的现金流量，意味着企业的经营可能很快陷入困境。因此，即使企业有很多的利润，也要充分重视现金管理。总之，上市公司的现金管理要将现金预算管理、现金流入流出控制和现金存量控制与财务风险控制等有效结合，缩短现金周转期，提高现金资产使用效率。

8.2.2 应收账款管理对上市公司流动性的影响

应收账款是公司因对外赊销产品、材料以及供应劳务等而应向购货或接受劳务单位收取的款项。从某种意义上讲，应收账款是企业向购买方提供的无息贷款，对企业本身是一种资金损失，降低了企业的可利用现金水平。长期高水平的应收账款很容易对企业的生存构成威胁。因此，应收账款在增加销售、减少存货的同时，也加大了企业的机会成本、管理成本、延期付款成本与坏账成本，增大了公司的经营风险。应收账款管理对企业经营现金流量的大小起着显著作用。

图 8.2 显示了制造业企业的应收账款与经营现金流量的关系。

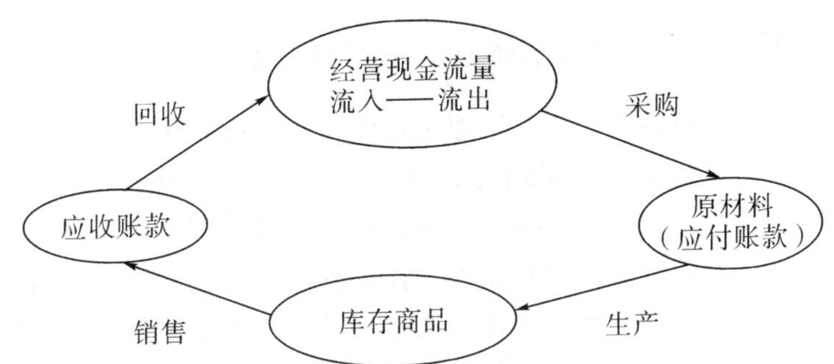

图 8.2　制造业企业应收账款与经营现金流量关系图

当应收账款及时足额回收，变为现金以后，资金才能进入下一个周期循环使用，此时经营现金流入大于现金流出，企业可以进入扩大再生产循环。如果应收账款不能回收或回收过程中损失（坏账）过大，经营现金流入小于流出，短期内可以用筹资现金流量来弥补，如果长期如此，企业经营将难以为继。所以，应收账款管理效率的高低，直接关系到经营现金净流量的大小，直接影响到企业安全运营所需的最低流动性储备水平。

如果应收账款回收及时、顺畅、完整，经营现金流量流动顺畅，运行效率高，就不需要太多的流动性储备；反之，如果应收账款回收滞后、坏账损失多，经营现金流量阻塞，为保证经营的正常运转，就不得不相应提高流动性储备水平，以应对经营现金流量断流带来的经营危机。

提高应收账款管理效率，要做好事前分析和事后监控，进行全过程的管理。在事前，要做好客户的信用调查工作，对客户的履行付款义务的可能性、偿还货款的能力、财务状况、获取商业信用提供的担保资产情况等进行科学分析，正确衡量信用成本和信用风险，合理确定信用政策；在事后，要建立健全应收账款追踪分析、应收账款账龄分析、应收账款收现率分析和应收账款坏账准备制度，保证及时足额地回收应收账款。

8.2.3 存货管理对上市公司流动性的影响

存货是指在生产经营管理过程中为生产或销售而储备的物资。企业拥有存货的主要目的是防止停工待料、降低进货成本、适应市场变化、维持均衡生产等。存货在流动资产中所占的比重较大，而且流动性相对较差。存货管理是对存货资金总量和存货资金运动的管理，在各种成本（缺货成本、仓储成本、资金占用成本等）与收益（批量价格优惠等）之间做出权衡，加速存货资金周转，降低存货资金占用及保证存货资产安全，最终达到提高经济效益的目的。在传统管理方法中，一般认为工业企业的存货要占总资产的30%左右，商品流通企业则更高，所以存货管理效率的高低关系到资金利用效率的高低。在不同的存货管理水平下，企业的平均资金占用水平差别是很大的。根据国泰安数据库中上市公司2003年至2007年的资产负债表计算的存货净额占总资产的比重，五年中每年最低比重为零，最高均超过80%，由此可以看出存货资金管理效率在上市公司之间的差别是非常大的。

存货管理的核心是要对存货资金进行全过程管理，既要防止存货不足造成停产或销售断货，影响正常生产和销售，又要防止存货量超过正常经营需要导致资金占用成本高、资金周转困难。在日常存货管理中，首先要做好存货采购管理，要制订科学合理的存货采购计划，合理运用采购资金，控制采购成本；其次，要严格存货库存管理，在不影响生产、销售的前提下尽量降低库存，及时处理毁损和超储积压存货，减少储备资金占用，加速资金周转。“零库存（Zero Inventory）”或“准时制(Just in Time)”是减少存货资金占用的有效管理方式。这两种存货管理方式均来自日本丰田汽车公司。丰田汽车公司对看板管理、单元化生产等技术实行“拉式生产”（Pull Manufacturing)，在生产过程中实现了基本没有积压的原材料和半成品，大大降低了库存资金占用，提高了管理效率。于是，“零库存”和“准时制”成为提高存货管理效率，降低库存成本的“撒手锏”，风靡日本、美国等发达国家。实质上这种存货管理方式并不意味着没有库存，而是把“永无休止地改进管理、消除存货”作为出发点，追求无库存或库存最少。“零库存”和“准时制”虽然大大提高了资金利用效率，但也存在风险。我国的上市公司可以借鉴“零库存”和“准时制”管理模式，但同时要注意降低在运用中的风险。首先要注意选择合适的供应商并与之建立良好的合作伙伴关系，保证对原料的及时供应；其次要树立以销售定生产的观念，加强生产部门的信息传递、灵活应变能力和生产弹性；最后要加强采购、生产和销售信息的科学管理，保障信息传递准确及时。

8.2.4 应付账款管理对上市公司流动性的影响

有效的应付账款管理可以延迟购货资金的支付，延长资金在企业内部的使用时间，改变现金流量，提高公司流动性水平。当然，有效的应付账款管理必须以不影响企业信誉为前提。

延迟应付账款的支付可以采取以下措施：第一是最大限度地利用供货方提供的信用期，在最后时间付款。但采用此方法应注意在丧失供货方提供的现金折扣带来的损失与延迟付款带来的收益之间衡量，避免得不偿失。第二是科学有效地利用在途资金。在途资金是由于凭证传递时间造成的企业和银行之间一方已经收到凭证入账，另一方尚未收到凭证未入账的款项。如果资金在银行的余额大于企业账上的余额，就说明可能存在在途资金没有支取。科学准确地估计这部分在途资金，就可以减少银行存款资金占用量，提高资金使用效率。

综上所述，营运资金管理效率的高低将直接影响上市公司的流动性，高效的营运资金管理，能够科学合理地避免经营管理中出现的资金减损、浪费和低效问题，最大限度地减少营运资金的无谓占用，促进营运资金的有效使用，做到“向管理要效益，靠管理谋发展”。因此，公司在营运资金管理中应建立一套科学合理的营运资金预测、决策、监督、激励、评价、预警、惩罚机制，抓好资金回笼工作，提高流动管理效率。这样，上市公司就没必要保持过多的应急补漏资金，在一定程度上可以降低上市公司的流动性水平。反之，如果上市公司营运资金管理混乱，浪费或低效现象严重，那么上市公司为降低支付、破产等风险，就不得不保留较多的应急性准备金，导致持有较高的流动性。

8.3 负债对上市公司流动性的影响

从20世纪50年代开始，国内外研究人员对资本结构进行了大量研究。在著名的MM理论的一系列假设中，假设了“资本市场是完善的”、“各期现金流量预测值为等额年金，并持续到永远”，由于“企业经营风险相同”，并且每年的现金流量相等、稳定且永不衰竭，所以由MM理论可以推测到，企业的流动性水平也是适中并且没有差异的，负债多少对公司流动性没有影响。但现实中的资本市场是不完善的，企业的经营风险不同而且各年的现金流量不相等，负债总量及其内部结构影响着企业的流动性水平。由于负债具有“治理作用”和“财务杠杆效应”，从而影响了资本所创造的现金流量的规模大小和归属走向，所以负债和公司流动性的关系也算是资本结构中的一个重要问题。下面分别分析负债总量和内部结构对公司流动性的影响。

8.3.1 总负债率与流动性的关系

首先，从信息不对称理论和优序融资理论来讲，由于信息不对称，经理人（内部人）比投资者（外部人）更了解企业收益和投资的真实情况，投资者只能根据企业的融资政策、股利政策、利润状况等传递的信号来做出投资决策。在投资者对企业的真实情况没有经理人了解得全面、准确的情况下，作为外部人不会完全相信公司招股说明书等披露的信息，会认为经理人有自利动机，或怀疑企业资金周转有问题，从而就会降低对公司股票的估价。由此，可能带来一系列连锁反应，造成企业市场价值下降。为有效避免这种信息不对称造成的企业市场价值下降，当企业有盈利性投资项目时，管理层一般会先倾向于选择内源融资。如果内部融资不能满足投资需求，才采用外部融资，外部融资的顺序也是先债务融资，后股权融资。这种融资顺序不仅可以避免在信息不对称时外部融资所造成的企业市场价值下跌，而且还可以确保原有股东的利益，这就是优序融资理论。在企业总是尽可能地利用内部积累资金来满足投资需求的选择下，拥有较多流动性储备的公司，负债率会较低，而流动性储备较少的公司，会较多地采用负债融资方式，负债率会较高。

其次，从代理成本理论和自由现金流量理论来讲，一般情况下，流动性储备高的企业，代理成本会相应增加。由于负债的财务杠杆效应，当投资项目的回报率高于债务利息的时候，股东会得到额外的收益；但当投资失败造成企业破产时，股东只承担有限的责任，债权人却可能本息全无。当企业流动性储备很高时，在高收益的诱惑下，即便是高风险项目，股东在进行投资决策时也会放松对项目风险的限制，可能牺牲债权人的利益，由此对企业的负债产生负面影响，相应降低了企业的后续再负债能力。因此，股东和债权人之间的代理成本会造成高流动性企业低负债率。除此之外，由于经理人在承担了增加利润的所有成本后，却得不到100%的剩余索取权，因此经理人会用增加在职消费的方式为自己“弥补”这一损失。在高现金流公司，经理人的这一自利行为会更加趋于毫无节制。Jensen 认为，现金富余型公司（Cash-Rich Firms）的融资决策应解决的一个关键问题，是如何“使经理人拿出现金，而不是进行收益低于成本的投资或浪费在组织上的无效率”。增加负债不失为此类公司减少现金流量的一个有效措施。在企业举债经营的情况下，管理层会随时面临定期付息和还款的压力，强制性现金流出增加，在无形中限制了管理层对剩余现金的滥用，且能抑制盲目的投资行为，因此有效的途径就是在融资时合理使用债务（Jensen，1986）。

无论从信息不对称理论、优序融资理论，还是从代理成本理论和自由现金流量理论分析，都认为总负债率与公司流动性是负相关。但并不是所有上市公司的负债对流动性的制约作用都是相同的，不同性质的负债对流动性的制约程度存在差异。

8.3.2 有息负债对上市公司流动性的影响

企业的负债按是否带息分为有息负债和无息负债两种。有息负债是指需要支付利息的债务，主要包括公司发行的公司债券、从银行或其他金融机构借入的长期借款和短期借款等等。有息债务的债权人所提供的资金除到期收回本金外，还要求有利息回报，即要求和股东分享收益。

由此看来，有息负债不仅使公司面临到期还本的压力，还要定期付出现金偿还利息，因此有息负债的治理作用非常强。有息负债迫使管理者在付利息时定期“吐出”现金，减少了现金存量，在一定程度上降低了公司的流动性储备水平。由于有定期支付利息的压力，管理者在使用现金的时候会有所顾忌，无论是增加在职消费满足个人欲望、提高福利讨好员工，还是扩大投资创建“个人帝国”，都会考虑是否会影响到期支付利息而“惹恼”债权人，因为破产对管理者的威胁比满足暂时的欲望更为严重，明智的管理者不会“因小失大”。另外，偿还利息的需求还会让管理者更加努力工作，在投资决策时会选择回报率更高的投资项目，减少投资过度行为。

更为重要的是，有息负债利息会对公司的利润和投资项目的成本产生直接的影响。根据我国会计准则的规定，为购建符合资本化条件的资产（指需要相当长时间的购建或生产活动才能达到预定可使用状态或者销售状态的固定资产、投资性房地产和存货等资产）借入的款项，其利息在资本化期间可以计入购建资产的成本，除此之外的负债利息均计入当期费用。有息负债的利息要么计入构建资产成本，在支付利息的当期增加现金的流出并在以后期间通过计提折旧等方式减少利润；要么直接计入当期费用，在当期增加现金流出并减少上市公司的利润。

相比之下，无息负债对公司的利润和成本则没有影响。

目前，常见的对有息负债率的计算有以下两种方式：

①有息负债率 = 有息负债/股东权益 ×100% = （短期借款 + 一年内到期的长期负债 + 长期借款 + 应付债券 + 长期应付款）/股东权益 ×100%

此计算方法反映有息负债与股东权益的比率。

②有息负债率 = 有息负债/资产总额 ×100% = （短期借款 + 一年内到期的长期负债 + 长期借款 + 应付债券 + 长期应付款）/资产总额 ×100%

此计算方法反映有息负债资金在资产总额中的比重。

需要说明的是，在计算有息负债率时，没有包含带息应付票据。这主要是因为根据上市公司年报区分应付票据是否带息是比较困难的，而且应付票据和应付账款都是利用资金链条中的上游企业提供的商业信用，性质相同，所以一起作为无息负债。

为对比企业的资产负债率，本书采用第二种方法计算有息负债率。在 2003 年到 2007 年间连续五年正常交易的 924 家公司的平均资产负债率和平均有息负债率见表 8. 2 所示：

表 8. 2　　平均资产负债率和平均有息负债率统计表

	2003 年	2004 年	2005 年	2006 年	2007 年
资产负债率	44. 14%	47. 03%	49. 03%	50. 27%	50. 30%
有息负债率	23. 78%	25. 26%	25. 44%	25. 02%	24. 39%

从表 8. 2 可以看出，在样本范围内，五年间每年有息负债率都是资产负债率的一半左右，说明无息负债在上市公司总负债中的比重也是一半左右，无息负债与有息负债几乎持平。表 8. 2 显示年平均资产负债率从 2003 年到 2007 年稳步上升，从负

债对流动性水平的治理作用来分析，观测期的流动性水平应该是逐步上升的，这与第六章的研究结果（总体流动性水平在观测期先降后升、呈现一个波谷）不一致。但仔细分析有息负债率可以发现，有息负债率在五年间是先升后降，呈现出一个波峰状态，具体见图 8.3 所示：

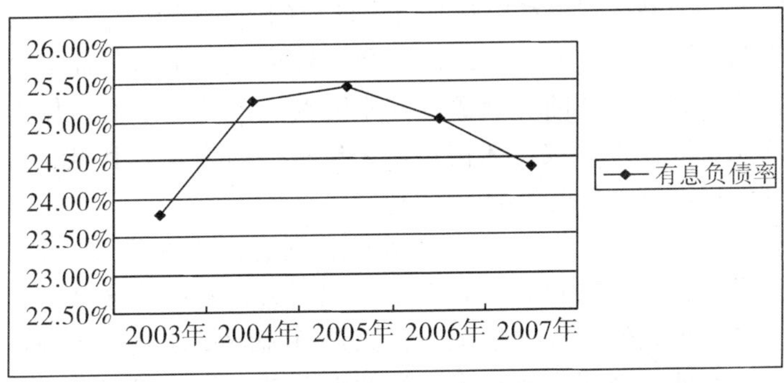

图 8.3　2003—2007 年上市公司平均有息负债率折线图

由于有息负债在2003 年到2005 年逐渐上升，上市公司平均支付的利息也相应逐步上升，从 2006 年开始有息负债率开始下降，上市公司的平均利息负担也相应减轻。在 2003 年到 2005 年，强制性利息支付的上升减少了现金净流入，对流动性水平的降低起到了一定的作用。当强制性利息支付的需求减少时，上市公司储备的现金等开始增加，流动性水平回升。由此可见，有息负债在减少流动性储备方面的作用要远远大于负债本身，强制性利息支付对降低上市公司流动性水平有明显的作用。

8.3.3　无息负债对上市公司流动性的影响

无息负债是指无需支付利息的负债。无息负债一般是企业在生产经营过程中自发形成的，如应付账款、预收账款、不带息应付票据、应付职工薪酬等，这些都属于企业在生产经营过程中自发产生的负债，无需支付利息。

无息负债只需要到期偿还本金，没有利息支付的压力，所以相对于有息负债而言，无息负债对公司流动性的影响相对较小。从表面上看，由于无息负债多是在经营过程中形成的负债，偿还期限短，还款时间紧迫，急需流动资金来解燃眉之急。但实际上，交易过程中利用商业信用形成的应付账款、应付票据、预收账款等负债，在企业经营中会循环形成一个持久性资金来源，这部分持久性的资金额度并不需要立即偿还，而是作为企业的免费资金来源被持久占用。无息负债因为没有利息，所以对利润也没有直接的影响。

基于以上分析，无息负债既没有利息的强制性支付压力，也没有银行借款的强制性到期还本的压力，所以从这个意义上讲，在其他条件相同的情况下，无息负债对流动性的治理作用不强。因此，公司在利用资本结构调节流动性的时候，重点在于调节有息负债，而不是无息负债。

由于无息负债的种类很多，在计算无息负债率时一般采用间接方法。对比有息负债率，无息负债率的计算公式也有两种：

（1）无息负债率 = 负债权益比率 - 有息负债率

（2）无息负债率 = 资产负债率 - 有息负债率

无息债务占总负债比例很高的上市公司，银行负债较少，较多地占用了资金链中上下游企业的资金。这类上市公司的流动性风险主要取决与其在资金链条上的地位和在行业中的竞争能力。如果该公司在资金链条上占主要地位，上下游企业对该公司的依赖性强，并且该公司在行业中具有竞争力，一般不会出现流动性风险；反之，则要注意短期偿债压力带来的流动性风险。

8.4 盈利能力的稳健性对上市公司流动性的影响

获得利润是企业持续经营的必要条件，盈利能力是衡量企业运用其拥有的资本和资产创造利润的能力，体现了企业的竞争力和价值创造能力。盈利能力从来都是公司财务分析与评价的核心，是企业生存的基础价值，是投资者对上市公司发展前景做出判断的显性标准，也是管理层进行管理决策的主要依据。上市公司的盈利能力一方面通过实现利润的大小来表现，利润高的公司盈利能力强，利润低的公司盈利能力弱；另一方面，盈利能力通过实现利润的稳定程度表现出来，利润波动大，则盈利能力不稳定，利润波动小，则盈利能力稳定。这两方面的特征综合表现为盈利能力的稳健性。上市公司盈利能力的稳健性与流动性之间互相影响，有着不可分割的联系。

首先，盈利能力稳健的公司现金流稳定，社会认同度高，信用良好，筹资能力强，风险相对较小，不需要保持太高的流动性，而盈利能力不稳健的公司则需要保持较高的流动性水平来应对风险。

稳健的盈利能力是会计利润与营业活动现金流量的有机统一，能够给上市公司持续注入稳定的现金流，降低了现金流波动带来的支付风险，减少了因支付性动机而持有的流动性。盈利能力越稳健，未来经营利润和现金流的可预见性越强，经营风险就越小，因预防性动机持有的流动性也相对减少。另外，从外部债务筹资和股权融资能力来说，盈利能力是公司偿债能力的主要保障，具有稳健盈利能力的公司，偿债能力强，信用评定等级高，越会受到银行等金融机构的青睐，债务融资成功的可能性越大；上市公司稳健的盈利能力还会直接影响企业的投资和收益分配，吸引股东或潜在股东对其投资，股权融资能力逐步提升。由于筹资渠道通畅，在需要资金的时候会及时得到补充，就不需要太多的流动性储备以应对投资或其他流动性需求。总之，盈利能力越稳健，对市场风险和经营风险的抗击能力和应变能力就相对越强，上市公司的安全流动性水平就会相应降低（见图8.4所示）。反之，盈利能力不稳健，公司就不得不提高流动性储备来增加应变能力和抗击市场风险、经营风险的能力。

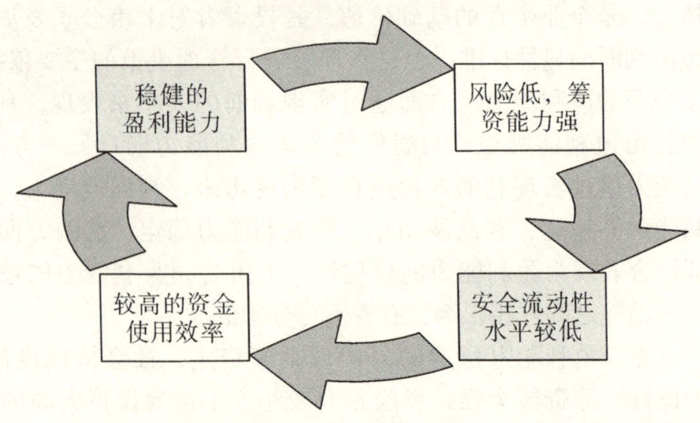

图8.4　稳健盈利能力对流动性的影响及反影响图

其次，公司流动性水平的高低会直接影响盈利性。高流动性持有导致资金的低效率使用，降低了获利能力。

现实中的资本市场是不完全的，出于安全考虑，公司股东也会要求保持一定规模的流动性（在完全资本市场假设条件下，资产结构、股利政策与公司价值无关，公司采用单一资产结构或者多元化资产结构对公司价值的影响是无差别的，所以股东也就不会关心公司的流动性），这主要是因为在公司破产时股东的清偿权在最后，仅能得到残值资产的缘故。对股东而言，当然流动性也不是越高越好，流动性过高反而会降低公司的收益性，损害股东利益。从筹资成本角度考虑，流动负债筹集的资金由于使用时间短，筹资成本很低甚至为零，如短期借款、应付工资、没有利息的应付账款和应付票据等；长期资金来源筹集的资金由于占用时间长，所以成本也就高，如长期借款和应付债券等。一般情况下，根据收益与成本配比原则，流动资金占用由流动资金来源筹集，长期资产占用资金由长期资金来源筹集。如果上市公司通过长期负债方式来提高流动性，说明用高成本筹集来的长期资金并没有投资于高收益的长期资产，而是被低收益的流动资产所占用，盈利能力大大降低。在现实生活中这种情况屡见不鲜，有一些上市公司在没有好项目的情况下，为了圈钱，盲目向银行贷款、增资扩股，或者采取不分红利的分配政策囤积自由现金流量。由于没有项目可投或管理不善，圈来的钱在资金占用上就表现为现金或有价证券，流动性储备就很高。高成本的资金用于低收益的流动资产，又加上自由现金流量会导致一系列侵蚀利润的行为，长此以往，最终会致使上市公司整体收益下降（具体见图 8.5 所示）。从股东利益出发，明智的上市公司管理层应通过回购股票、发放现金股利、偿还债务、增加投资等措施，适当调低流动性，提高盈利能力。

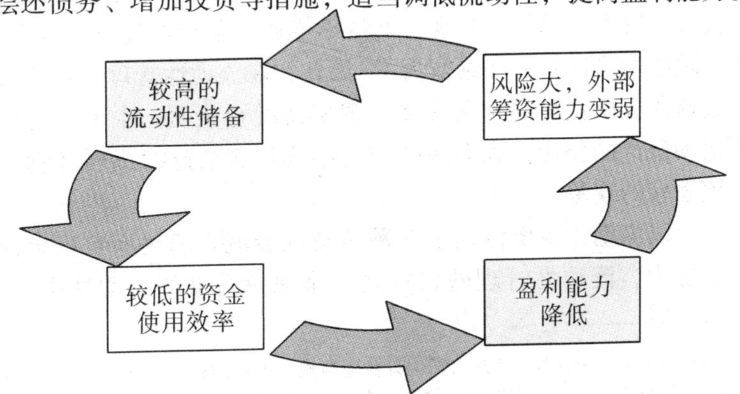

图 8.5　高流动性对盈利能力的影响及反影响图

如上所述，盈利能力与流动性本身都具有动态特征，在一定范围内往往呈现此消彼长的相搏关系。一方面，稳健的盈利能力使公司安全流动性储备水平适当降低；另一方面，高流动性水平会造成收益与成本不匹配和资金浪费，并便利于管理者对公司的“侵占”，进一步降低了盈利能力。由此可见，盈利能力及其稳健性对公司的流动性水平可产生直接的影响，反过来流动性水平又影响着公司的盈利能力。

8.5 经营现金流对上市公司流动性质量的影响

经营现金流是企业在销售商品提供劳务、购买商品接受劳务、支付税款等日常经营活动中的现金流动情况，体现的是营业活动的现金收支状况，反映了企业自身的“造血”功能。持续稳定的经营现金流对公司是至关重要的，它是公司正常运营和抵御风险的重要保证。会计收益和经营现金流量具有显著差异，上市公司盈利的获得和现金流入不同步，两者之间的相关性较低，较大一部分经营现金流量不能通过会计收益加以体现，并伴随相当多的盈利操纵行为。① 因此，在流动性管理上对经营现金流的分析就显得十分重要。现实情况也表明，由于流动性不足而破产的公司，大多在破产的前几年就会连续出现经营现金流恶化的现象。

公司流动性主要体现了各种活动现金流入满足所有现金流出的能力，流动性管理的目标之一是保持适度的流动性水平。

---

① 张俊瑞，刘录敬．上市公司会计收益与现金流量的相关性研究——来自中国证券市场的考察［J］．中国经济评论：中文版，2002（3）：46－52；储一昀，王安武．上市公司盈利质量分析［J］．会计研究，2000（9）：31－36.

在持续经营前提下，经营活动产生的现金流入体现了公司自身的“造血”能力，是满足经营现金支出、投资支出、利息和股利支出的主要源泉。有特殊的投资支出需求或其他的现金支付需求时，才使用筹资活动的现金流入（发行股票、债券或借款）或投资现金流入（处置固定资产、无形资产等）来满足。因此，可以这样归纳，经营现金流是公司流动性的主动性来源，而筹资现金流和投资现金流是公司流动性的一种补充和调节。如果公司流动性的来源以主动性来源为主，一般其流动性质量就比较好；反之，如果长期以补充和调节性来源为主，则流动性质量较差，难以长期持续维持。不同现金流结构下公司的流动性水平和质量是不同的，具体见表 8.3 所示：

表 8.3　现金流量对公司流动性水平及质量的影响

经营现金净流量	投资现金净流量	筹资现金净流量	公司流动性水平及质量状况
正	正	正	经营、投资状况良好，筹资能力强，总体流动性水平高、质量好，资金充裕，满足各种现金支出的能力强，但容易造成资金浪费
正	正	负	经营与投资良性循环，总体流动性水平高、质量好，内源资金充裕，可以偿还部分债务，降低资金成本
正	负	正	经营状况良好，投资需要从外部筹集资金，流动性水平较高，质量较好。要注意投资的资金需求量和投资项目报酬率对未来流动性的影响
正	负	负	经营正常，面临偿还债务与投资支出的共同压力，要防止流动性水平下降带来的流动性危机
负	正	正	经营活动与对外投资的现金入不敷出，有一定的筹资能力，暂时没有支付性危机，但流动性质量恶化

表8.3(续)

经营现金净流量	投资现金净流量	筹资现金净流量	公司流动性水平及质量状况
负	正	负	经营入不敷出，筹资能力下降，靠变卖固定资产等维持经营，出现支付困难
负	负	负	经营活动、投资活动和筹资活动均出现问题，经营失调，投资失败，融资受阻，出现流动性危机，很可能导致公司破产

从表8.3可以看出，现金流量及其内部结构会影响公司的流动性水平及其质量。短期内流动性不足可以通过变现资产和应急筹资来解决，但从长期来讲，公司流动性质量主要取决于经营现金净流量。

8.6 股权结构对上市公司流动性的影响

现代企业制度的核心是要建立完善的公司治理结构，股权结构（Ownership Structure）作为资本结构的重要方面，属于公司治理研究专题下的一个重要分支。

从理论上讲，股权结构是上市公司的产权结构，是公司总股本中不同性质的股份所占的比例及股权的集散度，即股东权益的构成和分布状况，引申为企业剩余控制权和剩余收益索取权的分布状况与匹配方式。股权结构是公司治理机制的基础，它决定了股权性质、股权集中程度以及股东行使权利的方式和效果，影响公司治理模式的形成、运作及绩效。实践经验也表明，股权结构问题一直是公司治理最基本的问题。按照产权经济学的观点，一个公司的股权结构涉及的不仅仅是持股主体占该公司股份份额的问题，更主要在于揭示公司各持股主体的权益分布，反映了投资者的财产所有权多元化、分散化和法人财产权独立化的程度。

研究股权结构其实就是研究“股”与“权”的关系，“股”的数量多少、比重大小对公司控制权的影响，是一个“量”与“质”的有机结合以及由此产生的代理成本、机会成本等问题。研究股权结构对上市公司流动性的影响，主要就是研究在“股”与“权”博弈的过程中，利益各方对公司流动性水平的要求和产生的影响等问题。目前直接研究股权结构对流动性影响的文献尚不多见，但从对股权结构和资本结构、股利政策、融资政策等的研究中，可以窥见一斑。例如，有关股权结构的研究认为，股权分散会削弱股东对经理人的监督约束能力，股权分散型公司的控制权事实上由管理者拥有，没有股权的经理与分散的小股东之间存在严重的利益冲突（Berle A. and Means G.，1932），持有控制权的管理者有可能通过降低工作的努力程度或增加额外的在职消费而侵害外部股东的利益（Jesen and Meckling，1976）。为了构建“个人帝国”，或为避免破产给自己带来损害，管理者会竭力通过股利政策、融资政策的实施提高流动性水平，以避免公司支付危机的出现，通过增加管理层持股比例或提高负债比例可以减少权益代理成本（Jesen and Meckling，1976）；同时，管理层持股比例的增加也可以减少负债的代理成本，使公司负债比率增加（Kim and Sorensen，1992）。负债的治理作用，可以减少公司的自由现金流量（Jensen），从而对流动性产生影响。以上学者对股权集中度、管理层持股、资本结构的研究均间接涉及了公司的流动性问题。下面将详细分析股权结构对流动性的影响。

8.6.1 股权结构对上市公司流动性的影响路径与作用机理——事实控制权

由于企业的所有权与控制权分离，公司控制权很容易被公司所有者之外的其他人员所攫取。1932 年，Berle and Means 指出，随着现代股份公司股权分散、公司所有权和控制权相分离现状的出现，公司的控制权事实上落到了公司经营者手中，出现了所谓的“经理革命”。Jesen and Meckling 在 1976 年创立的融资结构契约理论中，曾指出公司控制权的分配是融资结构影响企业价值的途径之一。

股权和控制权在内涵和外延上是两个完全不同的概念。股权是指股东因出资而取得的、依法或者依照公司章程的规定和程序参与公司事务，并在公司中享受财产利益的、具有可转让性的权利。控制权则较为复杂，一般可分为形式控制权和事实控制权。形式控制权指理论上是由谁做出决策，它一般源于所有权，如股份公司的股东大会具有对公司重大事项的决策权。事实控制权是实际做出决策的权力，在股权分散和股东缺位的情况下，拥有形式控制权的股东实质上并没有掌握事实决策权。在中国上市公司中大量存在内部人或政府代理人拥有公司实际控制权的情况。本书由此认为，事实控制权结构才是股权结构影响上市公司流动性管理和决策的途径。

根据我国《公司法》、《证券法》以及《上市公司治理准则》等的规定，公司治理主体包括股东大会、董事会、监事会及经理层，股权结构决定了决策主体和决策规则与范围。股权结构首先决定了股东大会，股东大会由全体股东构成，是上市公司最高决策机构。董事会是股东大会的执行机构，执行股东大会的决议。经理层由董事会聘任，负责公司的日常经营管理工作。决策主体在各自的职责权限内，做出相应经营决策，这些决策的执行结果将对上市公司流动性持有规模与水平产生直接影响。

我国上市公司有着特殊的背景和特色，相当一部分上市公司是国有公司改制而成，国有股和法人股所占比例较高，流通股非常分散。虽然经过了全流通和国有股减持等一系列改革，但从总体上来看，我国上市公司的股权结构仍然是股权集中和股权分散并存，处在控股地位的大多是国家股和法人股。在股权集中的上市公司，由于剩余控制权和剩余索取权相互匹配，大股东通过有效控制董事会，获取对董事会的掌控决定权，从而控制经理层的聘任，法律意义上的形式控制权和事实控制权一致。控股股东通过经理层的实际操作，促使其在流动性配置与现金储备方面，实现最佳的资本效率与企业价值最大化。但此时要谨防出现控股股东自利行为，把上市公司作为自己的"提款机"。如果股权结构相对分散，分散的股东既无实施监控的压力也无动力，容易造成经理人"内部控制"的局面。经理人通过自己手中的事实控制权，就会按照自身价值最大化目标来决定流动性配置。

8.6.2 股权属性对上市公司流动性的影响

股权属性是基于股权所有者权利归属的分类，与国外大多数国家上市公司的股权结构相比，我国上市公司的股权属性较复杂。按照权利主体不同，可分为国有股、法人股、社会公众股等；按照权利转让方式，又可分为非流通股和流通股。

8.6.2.1 国有股

国有股指有权代表国家投资的部门或机构以国有资产向公司投资所形成的股份，包括以公司现有国有资产折算的股份。在我国资本市场发展初期，股票市场被赋予服务国企改革的使命，大多数上市公司的前身是国有企业。在国企改制上市的过程中，采用了国家控股的股权模式。国企改制上市后的普遍情况是国家股和国有法人股在总股本中占了绝对份额，股权呈现高度集中性，体现了我国上市公司的特殊性。我国国有控股上市公司的委托代理关系较为复杂，包括国家和主管国有资产的政府官员之间、政府（官员）与国企董事会之间、董事会与国企经理之间的多重委托代理关系等。由于国家股的“非人格化”造成的产权关系模糊及“多重代理”造成的代理链条拉长，导致了股东事实控制权的缺位。国有股股东在公司治理结构中并不是积极的监督者，难以对管理者进行有效的控制和监督，内部人控制问题极为严重，事实控制权落入由政府委派的管理者手中。按照 Berle and Means（1932）的观点，在股东监督缺失的情况下，经理层会做出有利于自身但不利于公司的经营决策，从而使公司的绩效达不到最优。郭怡（2006）针对我国上市公司治理结构对现金持有量的影响进行了实证研究，结果表明，事实控制者使国有性质的上市公司在公司治理方面的效率较低，其持有的现金比例受到国有性质的正向的显著影响。

近些年来，国家实施的旨在改变这种不符合市场经济要求的国有股减持、股权分置改革等措施，只是在控股程度和方式上做了调整。基于我国社会主义市场经济体制的背景，国家股权集中的事实不可能完全、彻底地改观，否则国家就失去了经济控制的基础。国有控股现象将长期存在，制度上的不完美造成了公司治理无法触及的“空白地带”，必然会对上市公司的流动性持有产生影响。

8.6.2.2　法人股

法人股指企业法人或具有法人资格的机构向公司投资所形成的股份。法人股既与国家股不同——比国家股更具有“经济人”的人格化特征，也与追求短期资本利得的广大个人流通股不同——更注重上市公司的中长期发展并追求公司价值的成长。

在我国上市公司中，有不少公司实际上是由法人股控制的。法人股相对具有控制和监督管理者行为的内在激励，有动力也有能力去监督经营者，愿意为此付出监督成本和激励成本。因此，法人股会通过事实控制权追求减少权益代理成本，增强对管理者的监管作用，并有提高资金使用效率和促使企业价值最大化的动机，由此影响流动性管理决策的制定。

8.6.2.3　社会公众股

社会公众股是指我国境内个人以其合法财产向公司投资所形成的股份。由于我国上市公司存在国有股和法人股对上市公司集中控股的现象，造成社会公众股所占比例过低。加上我国社会公众股非常分散，使得广大中小社会公众股东在公司内部管理中丧失了事实发言权，其权利难于行使。出于时间成本、交通费和不能影响结果的考虑，社会公众股存在强烈的投机性和严重的“搭便车”、“用脚投票”行为。由于对上市公司事实经营控制权不产生实质的影响，在我国特殊的股权结构下，社会公众股除了通过现金股利渠道分流少部分上市公司的现金以外，没有其他有效途径对公司的资金使用效率和流动性产生实质影响。

8.6.3　股权集中度对上市公司流动性的影响

股权集中度（Concentration Ratio of Shares）体现了股权的分布状况和分布特征，是全部股东因持股比例不同所表现出来的股权是集中还是分散的指标。研究股权集中度、股权制衡对公司治理效率的影响，已经成为近年来理论界对股权结构研究的一个热点。股权集中度从各股东持股比例上，一般可以分为高度分散型、适度集中型和高度集中型。

关于高度分散型的股权，Grossman S. J. and Hart O. D.（格罗斯曼和哈特，1980）认为，如果公司股权是高度分散的，就会导致两权分离条件下经营者支配局面的出现。[①] 这是因为分散的股东对经营者的监督费用大大高于回报，他们没有足够的激励对经理进行监督，也无能力对公司的经营决策施加影响，造成的结果就是经理人成为上市公司的事实控制者。假如缺乏相应的制度法律环境，管理者的经营短期化与个人化行为常常与所有者的利益相悖，其决策的随意性与失误更是直接有损股东利益，导致了较高的代理成本。但是，我国的股权分散特征与此不同，是中小股东的高度分散，而不是全部股权的高度分散。这与西方国家的情况不同。La Porta et al（1999）通过对全球27个经济发达地区大型企业股权的研究也发现，这些企业的股权几乎都没有达到高程度的分散，许多大企业都是由政府、银行或家族控股。

我国上市公司的股权集中度主要表现为适度集中或高度集中。适度集中是指存在相对控股股东。相对控股股东是指与其他大股东共同拥有上市公司控股权，持股比例在10%～50%之间，可称之为“联合控股大股东”。相对于高度分散的股权，适度集中的股权使得公司价值最大化与控股股东价值最大化目标趋于一致，控股股东有对管理者实施监督控制的强烈动机和激励行为，加强了公司的治理作用。同时，在适度集中的股权结构中，共同控制股东之间存在相互制衡作用，可有效避免某一个股东的自利行为，有利于采取实现公司价值最大化的经营决策、投资决策和筹资决策，在流动性管理决策中也会倾向于持有更适度的流动性。

高度集中是指存在绝对控股股东。绝对控股股东一般拥有上市公司股份的50%以上，对公司拥有绝对控制权。如果出现“一股独大”的大股东，就可能出现大股东侵占小股东利益的行

---

① Grossman, S. J. & Hart, O. D. Takeover Bids , The Free-Rider Problem, And The Theory Of The Corporation [J]. Bell Journal of Economics, 1980, 11 (1): 42－66.

为。高度集中的股权结构与高度分散的股权结构相比，可以加强对公司经理人的监督，克服管理激励缺乏的问题。这是因为公司的现金流和控制权的流向是一致的，股东拥有的控制权越大，得到的现金流就越多，这会激励控股大股东去付出成本来监督管理者。但与适度集中结构相比，高度集中结构没有共同控制股东的相互监督，会造成控股大股东对广大小股东的侵害。Shleifer 等认为，当股权集中在控股股东手中时，容易导致控股股东掠夺问题的发生。因为控股股东一旦控制了公司，就可以通过侵害小股东谋取私利，侵占上市公司资源，获取控制权收益。因此，在大股东独立控股的情况下，委托—代理问题就演变为控股大股东和广大小股东的代理冲突，公司治理主要解决如何在保持大股东监督管理者积极性的同时，保护小股东的利益的问题，减少大股东对上市公司的侵害。

我国大部分上市公司受控于控股大股东。严鹏、夏新平和余明桂（2004）统计了我国上市公司持股比例达到或超过 30% 的股东的情况，结果表明，样本中超过 73% 的上市公司存在控股股东，其中政府作为最终控股股东控制了约 63% 的上市公司。在这些上市公司中，控股大股东的偏好成为公司管理决策安排的关键因素。Johnson et al（2000）认为控制性股东具有强烈的动机来掠夺公司资源以增加自身的财富，这种财富的转移被称为“隧道效应”，控股股东通过“隧道效应”进行“侵占”和“掏空”。在法律对小股东的保护不到位时，控股股东通过金字塔结构和交叉持股方式分离了现金流权与控制权，这种“掏空”行为就更加严重。随着“不吃白不吃”心理预期的增加，控股股东转移公司利润的动机愈加强烈，侵犯小股东利益的程度也会越高。另外，当大股东独自付出监督成本后，更容易产生“掏空”上市公司的想法。这是因为广大的小股东搭大股东监督管理者的“便车”，他们只拥有对管理者实施有效监督后产生的收益，却没有实施监督的成本，于是控股大股东就会想方设法弥补自己付出的相对于小股东来说的额外监督成本。如果控股大股东把上市公司作为自己利益集团的“提款机”，不顾中小股东的意愿，为了便利“侵占”和“掏空”，大股东会倾向于使上市公司保持较高的流动性，以便于“额外”现金流流向大股东。具体的方式有：迫使公司向高管支付很高的薪酬，通过自己在企业组织机构中的职位牟取私利；通过关联方交易的方式进行“占款”，转移上市公司资产；擅自改变筹集资金的用途，无理由占用上市公司募集的资金，将上市公司作为“提款机”；要求上市公司为控股股东或其控制的其他企业提供巨额贷款担保，使上市公司承担了很高的相关财务风险，变相侵占其资源，等等。

8.6.4 管理层持股对上市公司流动性的影响

委托代理理论是建立现代企业制度的理论基础，解决了生产经营中的管理队伍“专业化”问题，但由于代理人和委托人的效用函数不一致，委托代理理论也同时蕴含了经营者违背所有者意愿行动的存在。干胜道教授的所有者财务论认为，所有者财务的目标是获取长久而持续的收益，关注企业长远利益和整体价值。就经营者而言，其目标是追求个人效用最大化，其中的“逆向选择”行为包括超过企业自身负荷能力的铺张浪费、个人巨额奖金等“职位消费”。[①] 管理层持股被视为解决现代企业委托代理问题的一条重要途径，是促进公司高管与股东形成利益共同体的有力手段。上市公司管理层（包括总裁、董事长、董事、执行董事、监事、总经理、副总经理、总工程师、总会计师、总经济师、财务总监等）是上市公司运营的实际操纵者，

① 干胜道．所有者财务论——对一个新财务范畴的探索［M］．成都：西南财经大学出版社，1998：36.

他们持有的公司股份度量了高管人员在公司的利益。管理层持股以后就拥有双重身份，既是管理者，又是股权所有者，使内部人的利益与外部股东的利益趋向一致，但持股比例的多少会影响两种利益趋同的程度。Berle 和 Mean 认为，对于所有权分散的公司，管理人员拥有少量的股权将会激励他追求自己的私人利益，而随着经理人持股份额的增加，他们的利益将会与大股东的利益趋于一致，偏离公司利益最大化倾向将会减轻。根据美国著名经济学家 Jensen 和 Meckling 在 1976 年对经理人员用公司款项消费的例子进行反向顺序的分析，就可以简明形象地说明这个问题。如果公司总经理拥有的股权为 1%，那么 100 元午膳费，总经理所负担的只有 1 元；如果总经理拥有股份 100%，他个人所负担的费用就不是 1 元而是 100 元，总经理用公款进行消费的行为就会发生很大变化。管理层持股达到一定比例以后，两种权利主体相融合，在对现金股利政策、自由现金流量、流动性持有水平等各种财务问题进行决策时，管理层会站在维护自身利益的立场，做出理性的抉择。基于此，管理层持股对上市公司流动性的影响，可以从两个基本角度分析，即“利益收敛”与“固守职位”。

从“利益收敛”角度讲，如果上市公司投资前景良好，预期收益较高，管理层持股有助于管理者与外部股东的财务利益趋于一致。管理层持股的增加减少了由所有权和控制权分离所引起的代理成本，降低了管理者增加在职消费、剥夺股东财富和进行其他非公司价值最大化行为的动机。根据现金持有的管理者操控性代理成本模型，管理者为了增加其私人利益，当投资前景乐观时，会倾向于采取不分红或者少分红的股利政策，将现金尽可能投放于公司的再投资，此时的自由现金流量势必下降。假如上市公司投资前景不明朗，预期收益难以预测，或者因为风险厌恶，管理层倾向于采取积极的现金股利政策，获取股利收益。这些管理层持股情况下的自利行为与外部股东利益不谋而合。Faulkender M. W.（2002）以1991年对美国小企业的调查数据为样本的研究表明，管理层持股比例与企业的现金持有量显著负相关。

从管理层“固守职位”角度讲，如果管理层持股比例较低，管理层为增加其私人利益可能实施自利性支出，偏好保持高流动性。随着所持股权的增加，管理者为了自己的声誉和职位，会主动采取措施提高资金效率，减少多余的流动性储备。Harford J. and D. Haushalter（2000）的研究认为，当公司拥有大量现金时，其费用支出效率受到管理层在公司所持股份的影响，当管理层持股比较少时，其费用支出效率较低。Gul Ferdinand A.（2001）认为，董事持股水平低的公司，自由现金流量与审计费用呈强正相关关系，董事持股水平高的公司，这种正相关关系要弱一些。

但是要注意的是，当管理层持股的比重过高，与控股大股东利益趋于一致时，管理层持股的治理作用就受到挑战，外部股东监督管理层的行为愈加不易，管理层“盘踞现象”就开始出现。Stulz R. M.（1988）认为管理层拥有的股权越多，对投票权的控制力越大，进一步强化了管理者的职务防护。当管理层股权达到大股东或控股股东规模时，就可能出现滥用代理权行为——“自己代理”①，攫取上市公司财务资源的动机和权利更大。“自己代理”的管理层如果不能自制，就可能储存过多的流动性，满足其在职消费和谋取其他私人利益，损害其他股东的利益。这样就出现了Ozkan A. and Ozkan N.（2004）的研究结果：管理层持股与自由现金流量之间存在一种非单调的相关关系。

① 自己代理是指代理人与被代理人以自己为相对人实施同一民事法律行为，是一种代理权的滥用行为。

从总体上说，我国上市公司管理层持股比例普遍偏低。近年来我国对管理层持股有了进一步的规范。国务院办公厅2005年12月转发国资委《关于进一步规范国有企业改制工作的实施意见》，首次提出国有上市公司管理层可以通过增资扩股持有本企业股权，管理层可以增量持股但不可以控股，而且要求用来购买股票的资金要有合法来源的证明。我国《公司法》对此也做出规定："公司董事、监事、经理应当向公司申报所持有的本公司股份，并在任职期间内不得转让。"管理层在职期间不允许其股权变现，这就给研究管理层持股界定了时间要件——在职期间。至于许多持股管理层为实施股权变现，采取非法手段，或不道德的辞职等途径，逢高抛售套现，对这种情况本书不予关注，因为此时管理层从法理或事实上已经失去管理人的资格，超出了财务管理的范畴，属于法律问题。

8.7 "三会"特征对上市公司流动性的影响

股东大会、董事会、监事会（简称"三会"）是公司治理结构的基本组织架构，其内部结构安排直接关系到公司治理效率，公司治理效率影响着公司流动性水平是否适度。一般情况下，治理效率高的公司，各项决策与公司价值最大目标较为一致，流动性水平较为适度，而治理效率低的公司容易造成各项决策偏离公司价值最大化，表现在公司流动性水平上也就会偏高或偏低。因此，上市公司的"三会"特征成为影响公司流动性水平的一个因素。

8.7.1 股东大会

从法律意义上讲，股东大会是上市公司的最高决策机关，行使经营决策、投资计划、股利政策、融资政策、兼并等重大决策权，股东们的利益通过他们在股东大会上对重大决策的表决及对董事会、监事会的选举体现出来。股东主要通过“用手投票”和“用脚投票”两种方法行使自己的权利，对公司的决策施加影响。“用手投票”是一种积极参与公司决策的方式，大股东因为具有较大表决权，较多地采用这种方式对上市公司的重大策略施加影响，促使各种决策向利己的方向发展，以获取更多的收益。而“用脚投票”则是一种消极被动的参与公司决策的方式，对股东大会的最终决议影响小甚至不产生影响。广大的中小股东“话语权弱”，“用手投票”机会少，“用脚投票”次数多。也就是说，股东大会形成的各种决议基本代表了大股东的利益，这就客观造成了大股东对中小股东利益的侵害。

我国资本市场的事实是，存在成万上亿的中小股东，他们虽然控制不了上市公司的资源和股价，却是最坚决反对大股东侵害上市公司行为的力量，这与上市公司的发展息息相关，也是保持上市公司可持续发展的源泉。如果广大的中小股东能在股东大会上拥有较强的话语权，真正地参与公司的各项决策，参与对董事会和监事会的选举和监督，公司治理效率就会显著提高。因此，如果股东大会中中小股东的席位比较多，各种重大决策就会比较合理，会使上市公司朝着健康的方向发展；如果中小股东的席位比较少，则股东大会的各项决策就会以大股东的利益为核心，就可能影响上市公司的可持续发展。在股东大会中加强中小股东话语权的方式有多种，比如中小股东主动联合起来，“聚少成多”，成立中小股东联合体，对大股东形成制衡作用；另外，也可以通过法律强制增加中小股东的投票权，使中小股东“一股多权”，增加其在股东大会上的话语权。

8.7.2 董事会

董事会由股东大会选举产生，代表股东行使各项职能，指导和管理公司日常运作。在上市公司中，维持公司稳定性和可持续发展的核心动力来自董事会，它既是股东的代言人，又是公司经营管理的决策者，双重身份和双重职责使得董事会在公司治理结构中处于枢纽位置，成为股东、经理人、员工及公司其他利益相关者之间进行沟通的主要渠道，是化解各方面矛盾和冲突、保持上市公司稳定健康发展的稳定器。因此，董事会成为公司治理效率高低的关键因素。影响董事会治理效率的因素有董事会规模、董事会结构、董事长和总经理两职是否分置、董事会召开次数等。

8.7.2.1　董事会规模

基于管理层公关游说的有限性，规模较大的董事会可以减少管理层控制董事会的可能性，但会造成董事会成员之间沟通协调上的困难，使决策过程变得迟缓而缺乏效率。1992 年，Lipton Martin and Jay W. Lorsch 就提出应限制董事会的规模，认为董事的人数最多不超过 10 人。之后 Jensen 又提出如果董事会人数超过 7 ~ 8 人，则会效率降低，并提出董事会规模越小，内控机制越有效，发生财务危机的概率越低；反之，若公司董事会的人数过多，会使董事会运作效率变低。我国上市公司董事会成员数量一般是 9 ~ 11 人，比西方企业人数多。

相关的实证研究也有类似的发现。Yermack D.（1996）的研究发现，以托宾 Q 表示的企业市场价值与董事会规模负相关，并提供了董事会规模较小有利于提高公司市场价值的证据。Eisenberg T. et al（1998）对芬兰 900 家中小企业的实证研究发现，以行业资产报酬率反映的企业获利能力与董事会规模显著负相关。Kusnadi Y.（2003）以 230 家新加坡上市公司为样本，研究企业现金持有水平与公司治理机制之间的联系，结果表明董事会规模与现金持有水平显著正相关，认为规模大的董事会通常导致治理效率低下，这些企业的股东没有足够的权力迫使管理者将额外的现金分配给他们。

因此，本书认为，董事会规模越大效率越低[①]，其功能越不能有效发挥，相应地造成资金使用效率降低，导致公司流动性储备偏高。

8.7.2.2 董事会结构

董事会人员结构由执行董事、非执行董事（包括独立董事）共同组成。执行董事参与公司的经营，在公司里担当具体岗位职务，既是董事会成员，又是公司管理层人员。在董事会中设立非执行董事制度的本意就在于避免董事成员与经理人员的身份重叠和角色冲突，保证董事会独立于管理层进行公司决策和价值判断，更好地维护股东和公司的利益。一般认为非执行董事在行使监督和惩罚职能时往往比执行董事更加出色，所以董事会中非执行董事比例越高，公司治理效率越高，越能减少资金浪费，提高资金使用效率，在公司流动性水平上越趋向于适度。Fosberg R. H.（1989）利用配对研究的方法研究了外部董事的比例与公司业绩的关系，发现外部董事监管力度的不同会导致公司的现金流不同，进行了有效监管的公司会实现减员增效，销售费用和管理费用下降，股权收益上升。

依据 Fama E. and Jensen M.（1983）的观点，与内部董事相比，独立董事是公司管理者更有效的监督者，这主要在于独立董事的财产独立于所任职的公司，并与公司或公司经营管理者没有重要的业务联系，不会出现“吃了别人的嘴软”的现象，不妨碍其对公司事务做出独立客观的判断。据经济合作与发展组织（OECO）《1999 年世界主要企业统计指标的国际比较》报

① 当然，也不是董事会规模越小效率越高，但因为我国《公司法》对董事会有最少人数的限制，这在一定程度上解决了这一问题。另外，董事会效率的高低和其成员的专业水平、道德素质、管理监督能力等有关，但因为这些属于隐性因素，有很大的不确定性和测量难度，不在本书的研究之列。

告，各国独立董事占董事会成员的比例为：英国 34%，法国 29%，美国 62%。[①] 科恩—费瑞国际公司 2000 年 5 月发布的研究报告显示，美国公司 100 强中，在董事会年均规模为 11 人的情况下，内部董事 2 人，占 18.2%，独立董事 9 人，占 81.1%[②]。独立董事设置在我国是强制性的。2001 年 8 月中国证监会发布了《关于在上市公司建立独立董事制度的指导意见》，强制要求所有上市公司必须按照规定，建立独立董事制度。规定在 2002 年 6 月 30 日前，上市公司的董事会成员中应当至少包括 2 名独立董事；在 2003 年 6 月 30 日前，上市公司董事会成员中应当至少包括三分之一独立董事。从 2006 年开始的央企上市公司董事会试点工作中，明文规定了外部董事必须过半。从这些规章制度来看，如果独立董事发挥其应有的作用，公司治理效率会相应提高。但实际上我国上市公司中独立董事的作用并没有得到充分发挥，其主要原因有二：一是独立董事大多是身兼多职的社会名流或是由各上市公司董事长互相兼任，没有太多的时间关注公司事务，参与公司决策；二是上市公司的法人治理结构中没有设立相应的行权机构，大多处于“参政议政”的位置，难以真正履行其职责。因此，我国上市公司董事会中独立董事在公司治理中的作用受到一定程度的质疑。

除了董事会人员结构影响公司治理效率外，另一个问题就是董事长与总经理是否分置。如果是董事长兼任总经理，公司控制权趋于集中，容易导致个人专权，为其自利行为提供了便利；如果两职分置，董事会在监督总经理的履职功能上就具有较强独立性，可以在总经理违背股东利益时更好地履行其免除总经理职务的职责功能，防止总经理自利或随意行为，提高公

① 娄芳．国外独立董事制度的研究现状［J］．外国经济与管理，2001，23（12）：25－29.

② 数据来源于 http：//zhidao. baidu. com/question/32680768. html。

司治理效率，促进各项决策执行以股东价值最大化为目标，在公司流动性决策上也不例外。

8.7.2.3　董事会召开次数与效率

董事会召开次数可以反映出董事会制度运作的基本状况和效率。董事会召开的次数从一定程度上说明董事会对公司经营管理、战略决策的参与程度，是保证董事会发挥效用的一个基本条件。因此，在董事会会议质量难以衡量和获得的情况下，一般可以用会议召开次数作为衡量董事会效率的一个标准。董事会召开次数越多，治理效率越高。对连续五年正常上市交易的924家样本公司的董事会召开次数进行统计，统计结果见表8.4所示：

表8.4　连续五年正常交易的924家上市公司的董事会召开次数统计表

董事会次数	2003年		2004年		2005年		2006年		2007年	
	公司数（个）	比例（%）	公司数（个）	比例（%）	公司数（个）	比例（%）	公司数（个）	比例（%）	公司数（个）	比例（%）
1~3次	27	2.92	11	1.19	14	1.52	8	0.87	1	0.11
4~6次	384	41.56	427	46.21	405	43.93	295	31.96	110	11.93
7~9次	376	40.69	348	37.66	341	36.98	389	42.15	381	41.32
10~12次	93	10.06	94	10.17	107	11.61	147	15.93	278	30.15
13次以上	43	4.65	44	4.76	55	5.97	84	9.1	152	16.49
无信息	0		0		2		1		2	
平均次数	7.25		7.23		7.53		8.31		9.93	

从表8.4看，总体上讲五年内平均董事会会议次数基本上呈逐渐增加态势，从前三年的平均不到8次，到2006年、2007年增加到8.31次和9.93次，可以说明我国上市公司董事会参与公司决策的程度在逐步加深。但是这与基本每个月一次的国际领先企业中最为常见的董事会会议频率还有一定的差距。每年召开10次以上董事会的上市公司在2003年至2006年基本在四分之一以下，只有2007年较高，接近五成。从样本公司董事会

召开情况看，会议次数一年 10 次以下的居多，致使董事会成员，特别是独立董事等非执行董事对公司管理、治理和战略决策缺少实质性参与，这在一定程度上说明了很多公司是为了满足《公司法》的要求而设置了“赶场型”、“走秀型”的董事会。

8.7.3 监事会

监事会作为公司内部设置的监督机构，是由股东大会选举产生，并依据我国《公司法》和公司章程的规定执行检查公司财务、监督董事和公司管理层的职能。从我国《公司法》赋予监事会的权利看，监事会的首要任务是检查公司财务，因此上市公司设立监事会应该采取一种有效的财务监督模式。如果监事会能有效行使其监督职能，将会促使公司管理层在提高资金使用效率上下工夫，避免管理层出现过多的盈余管理和自利行为。表现在流动性管理上，就会监督管理层在降低支付风险前提下持有适度的流动性，尽量减少多余资金储存，提高资金使用效率。

我国目前的实际情况是，虽然上市公司都设置了监事会，但其在公司的地位比较尴尬，无法真正履行其财务监督职能。这主要是因为很多上市公司的监事缺乏足够的独立性和专业能力。在独立性方面，监事会在人员配备上由股东代表和适当比例的职工代表组成，监事的个人地位和影响力都相对小于董事，而且很多监事在公司内部还是董事长、总经理的下级。在董事或总经理违背董事会决议、执行决议不力而影响公司健康发展时，监事会难以适时遵章依法行权对董事或总经理提出职务罢免的建议，从而导致监事会的监督职责有名无实。或许，2009 年 7 月 1 日《企业内部控制基本规范》的实施促使上市公司监事会的监督职能得到一定程度的提高。在专业能力方面，我国

《公司法》虽然赋予了监事会检查公司财务的权利，却没有对监事会成员的会计专业知识做出明确的规定。如果监事们不具备足够的财务专业知识，怎能履行监督公司财务的职能？因此，提高监事会人员的独立性和专业水平，有利于促使上市公司管理层对公司流动性的科学管理。

8.8 股权融资偏好对上市公司流动性的影响

现代融资理论通过对 MM 不相关定理加入税收、破产成本和代理成本等因素，描述了企业最佳资本结构的存在，并表明股权融资与债权融资都应具有一个合理的量限，只有两者合理配置，才能实现公司价值最大化。根据优序融资理论，由于股权融资成本较高，因此排在内部融资和债务融资之后，成为企业融资方式的最后选择。在这种情况下，企业融资结构选择的顺序是：内部集资、发行债券、发行股票。但我国上市公司的融资结构大多保持了较低的资产负债率，甚至有些公司在资产负债率接近于零时，仍然渴望通过发行股票融资。同欧美上市公司相比较，我国上市公司的融资行为存在明显的“股权融资偏好”，外部融资的顺序一般表现为：股权融资、短期债务融资、长期债务融资。从表 8.5 可以明显看出我国上市公司的股权融资偏好特征。

表 8.5　　1997—2006 年我国上市公司总股本变化

单位：亿股

年度	1997	1998	1999	2000	2001	2002	2003	2004	2005	2006
总股本数量	1943	2527	3089	3792	5218	5875	6428	7149	7630	14926
同比增长	59.4%	30%	22.2%	22.7%	37.6%	12.6%	9.4%	11.2%	6.7%	95.6%

注：表中数据来源于中国统计年鉴数据库。

在1997年至2006年十年间，总股本数量年均增长30%以上，过高的股权融资比例造成股权的稀释。对于资产负债率整体较低的上市公司来说，强烈的股权融资偏好对优化资本市场资源配置极为不利。只有基于较好的经营业绩，适度的股权扩张才是良性的和可维系的。在效益持续下滑的情况下，过度地依赖于股权融资，必将造成股东控制权的弱化和资金使用效率的大幅下降，从而影响了公司流动性水平。造成我国上市公司强烈股权融资偏好的原因是多样的，总体来讲有以下几点：

首先，我国的股权融资成本偏低成为股权融资偏好的直接动因。股权融资成本由向股东支付的红利、股权融资交易费用、因采取股权融资而丧失的税收抵扣等机会成本、信息不对称成本等构成。在完善的资本市场上，债权融资成本低于股权融资成本，因而会成为公司融资的优先选择。而在我国目前的资本市场上，股权融资成本却低于债权融资成本，出于利益与成本的博弈，因而自然成为上市公司的首选融资方式。沈艺峰和田静（1999）、黄少安和张岗（2001）等人计算的我国股权融资成本在2%～4%之间，显然是低于以银行贷款为基准的债权融资成本的。如果再考虑到目前相当一部分公司不分配红利、低比例分配或以送转股本形式分配股利造成的极低红利支出成本，实际股权融资成本可能更为低廉，这远远低于目前我国各公司银行贷款和发行债券的融资成本。

其次，内部人控制是股权融资偏好的内部动因。由于我国上市公司股权结构中国有股、法人股垄断性持有及所有权的虚置缺位，加上社会公众股的极端分散，中小散户股东强烈的投机性和严重的"搭便车"、"用脚投票"行为，导致了股东控制权的残缺，同时对公司经理人员的约束机制不甚健全，内部人控制问题较为严重。内部人控制的结果是公司的行为更多体现经理人员的意志，而很难反映股东的要求。以股票筹集资金，对经理而言无疑是一笔既少监督约束又无偿付股息压力的免费资金和永久性资金。经理人员支配的这种资金越多，越有利于实现自身效用的最大化。因此，不管资金使用效率的高低，由经理等内部人员控制的公司都有着利用股市“圈钱”扩张的冲动和激励，这必然导致股权融资的强烈偏好。

最后，制度和政策的不完善是强烈股权融资偏好的深层原因。上市公司以利润为中心的业绩考核体系使管理层厌恶债权融资，不愿意欠债的文化传统与心理也会使上市公司尽量避免负债，配股和增发新股等又往往被当成管理层经营成功的一种表现，加上我国债券市场发展缓慢造成的资本市场结构失衡，以及监管机构对股票发行的额度控制、审批制度的不完善，都助推了上市公司股权融资偏好的形成。

从强烈股权融资偏好对流动性的影响结果来看，是提高了上市公司流动性水平。股权筹资的低成本和非偿还性，以及股东对经营管理者监督和约束的弱化，使得股市成为上市公司“圈钱”的最佳场所，股权融资成为上市公司“圈钱”的手段。上市公司不断通过股权融资获取廉价的甚至是免费的资金，造成大量廉价权益资本流入，造成大量资金闲置或低效运行，扭曲了证券市场资金资源配置的优化功能，造成资金资源的巨大浪费，并为上市公司过度储备流动性创造了条件。

8.9 股利政策对上市公司流动性的影响

股利政策是上市公司的主要财务政策之一，它决定了公司留存收益与分配给股东利润之间的比率，关系到公司的融资政策和资本结构。因此，股利政策不仅是股东现期收益与未来收益之间的权衡，更是公司未来融资政策和资本结构调整的一个体现。由于股票股利不涉及当期的现金流量，对支付能力不会产生影响，因此本书只关注现金股利对公司流动性的影响。

现金股利的执行直接导致当期现金流量减少，对公司的支付能力和现金流量会产生重要影响，降低当期的流动性储备。Jensen（1986）在自由现金流量理论中的论述证明了这一观点，为降低管理者手中拥有过多现金资源造成的危险，发放现金股利是最直接的手段之一。J. Farinha（2003）在研究了伦敦股票交易所上市的公司后也认为，股利支付可以减轻代理问题是因为现金股利可以减少自由现金流量或增加外部筹资次数，从而加强了外部投资者的监督。肖珉（2005）通过实证检验发现，现金股利有助于囤积大量多余现金的公司减少现金流量，避免资源滥用。所以，通过支付现金股利，把自由现金流量还给股东，可以减少上市公司充足的流动性储备，使高流动性公司的流动性水平适当降低。对我国924家样本公司2003年至2007年现金股利分配情况的统计如表8.6所示：

表8.6　2003—2007年样本公司发放现金股利情况统计表

年度	2003年	2004年	2005年	2006年	2007年
分配现金股利公司（个）*	571	573	601	537	535
现金股利总额	450.74	515.85	687.08	743.74	886.22
货币资金总额**	2956.24	3318.71	3531.54	4016.12	6161.64
现金股利/货币资金（%）	15.25	15.54	19.46	18.52	14.38

注：*一年分配多次现金股利的重复计算，按实际发放时间确认归属年度；

**货币资金为发放现金股利当年的年末数。

在表8.6中，2005年发放现金股利的公司最多，达到601

家，占样本公司的65%，到2007年减少了66家公司，下降至57.9%。由于现金股利直接减少了当期的货币资金，因此现金股利总额与当期货币资金总额的比率就显得至关重要，可以很好地说明现金股利减少现金流量的程度。在表8.6中可以看出，2003年到2005年三年间，现金股利与货币资金的比率持续增加，上升了4.21%，但2006年和2007年均呈下降态势，到2007年下降到14.38%，比2005年降低了5.08%，这种在观测期呈现的波峰状态（见图8.6）很好地印证了公司流动性在观测期呈现的波谷状态，一定程度上说明了现金股利的执行可以减少公司当期的现金流量，降低公司流动性水平。

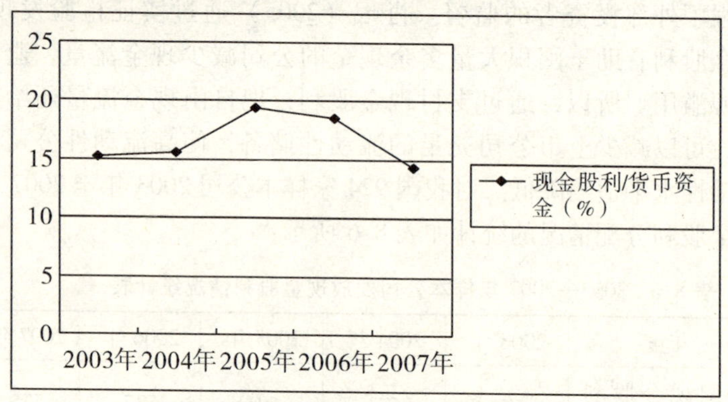

图8.6　现金股利与货币资金比率变化图

上市公司的现金股利政策可以向外界传递公司未来盈利的信息。早在1956年，哈佛大学教授John Lintner在对美国28家上市公司财务经理的问卷调查中就发现，多数公司管理者总是保持股利政策的稳定性，只有企业盈利发生了“长期的、显著的”变化后，才倾向于调整股利支付水平，这主要源于稳定的股利政策有积极的信号传递作用，表明公司盈利的可观性、稳定性。巴哈塔亚（Bhattacharya S.）在《贝尔经济学刊》上发表的《不完美信息、股利政策和“一鸟在手”谬误》一文中创建的股利信号模型也认为，在不完美的情况下，现金股利是未来预期盈利的事前信号。因此，在不影响支付能力和投资需求的情况下①，分配现金股利既可以降低流动性水平，减少流动性储备过于“宽裕”带来的代理问题，又可以向投资者和债权人等传递公司盈利稳定的有利信号，可谓一举两得。

8.10 成长性对上市公司流动性的影响

8.10.1 什么是成长性

成长性也可以称为企业增长机会，它是 Myers 在解释企业价值的时候附带提到的一个概念。Myers（1977）对企业价值的定义是：“企业价值等于现有资产（Assets in Place）的价值加上未来增长机会（Growth Opportunities，即能使公司未来产生更多现金流的投资机会集）的价值。”② 企业价值中现有资产的比例越低，则增长机会的比例越高。构成企业价值的这两部分的根本区别在于，增长机会的价值至少部分地依赖于未来不确定的投资，而现有资产的价值却没有这一特点；所以，增长机会就是企业价值中取决于企业未来酌情支出（Discretionary Expenditures）程度的那一部分价值。公司未来增长机会价值也可以被理解为公司所持有的一切实物期权，其价值的具体实现需要以

① 从统计结果看，样本公司总体上现金股利与货币资金比率最高年度也不超过20%（具体到某一个公司会有差异），不会造成流动性风险发生，这也可能与样本公司选择为五年连续正常交易的上市公司有关。

② Myers S. C.. Determinants of Corporate Borrowin [J]. Journal of Financial Economics, 1977 (5): 147-175.

一定的投资支出为前提。现有资产现金流折现价值与未来增长机会价值比值较大的公司为拥有丰富增长机会的公司或高成长性公司。①

如上所述，增长机会本身是一个较为抽象笼统的概念，很难直接观察到，所以，学术界大都采用一些代理变量来间接衡量企业的增长机会，通常认为最能体现企业增长机会的就是能够给企业带来未来现金流入的投资机会的集合。比如 Mason S. P. and Merton R. C.（1985）就认为企业的任何酌情处置支出均可看成是增长机会，增长机会不仅包括如矿藏开发权那样的传统投资机会，还包括资本扩张项目、新产品引入、企业兼并、品牌建立的广告投资及现有资产的维修和替换等为使将来企业获得成功的酌情支出。

由于行业间的行业特征、产业发展空间、技术水平和业务决策等不同，因而增长机会也因企业所处的行业产生差异。Christie A.（1989）就提出增长机会是由企业要进入的业务行业决策决定的。除宏观环境和行业因素外，增长机会还取决于企业特有的因素，如物质和人力资本的投资（Kester，1986）。Chung K. and Charoenwong C.（1991）认为，企业进行设置障碍以阻止竞争对手进入市场的投资（主要包括投资于范围经济、产品差异化、品牌忠诚或是专利），会导致增长机会的价值因企业而异。

8.10.2 成长性与上市公司流动性

大多数理论认为，成长性与公司的流动性是正相关的。

首先从高增长公司避免投资约束角度分析。Meyer and Kuh（1957）、Myers and Majluf（1984）都认为，资本市场的不完善

① 常中阳，唐万生．公司增长机会与债务融资特征［J］．西安电子科技大学学报：社会科学版，2004，14（4）：47－52.

使企业投资支出会受到内部资金量的限制。Holmstrom B. and Tirole J.（2000）、Boyle and Guthrie（2003）也持相同的观点。第一，面临高成长性的公司如果发生投资资金短缺，将不得不放弃好的项目。为避免这种情况发生，公司就应保持充足的流动性。第二，成长性代表的是未来企业价值中酌情支出的那一部分价值，它虽能增加企业的价值，但它们在性质上是无形的。因此，成长性越好的公司其价值的不确定性越高，预期会招致更多的财务困境成本（Shleifer and Vishny，1992）。当财务危机或破产的情形发生时，公司价值将急剧下降。因此，拥有高成长性的公司将保持较高的流动性水平以避免财务困境的发生。第三，代理成本理论和信息不对称理论认为，成长性好的公司面临较高的代理成本和信息不对称，造成外部融资成本增加，这就会使具有高风险债务和较多增长机会的公司，可能在更多的自然状态下放弃有价值的投资机会。因此，成长性好的公司将有激励保持较高的流动性，以避免放弃有价值的投资机会或财务危机及破产的发生。郭丽虹和金德环（2007）以制造业为研究对象的研究表明，在中国，成长性高的企业一般来说投资需求旺盛，有盈利的投资机会也较多，一旦融资成本最低的内部资金量增加，它们就会实施投资计划，结果是现金流量的增加会促进企业的投资支出。因此，在托宾Q较高（较高成长性）的企业，投资与现金流量之间的相关关系更为显著。总之，这些观点认为，高成长性公司会持有较高的流动性，以保持高度的投资柔性与管理柔性。

其次从成长性与公司融资角度分析。一方面上市公司的流动性与其融资方式、融资渠道是否顺畅关联性较强，再者公司的融资又与公司的成长性密切相关。从客观上讲，资本市场上的投资者，都希望把焦点放到成长性好、拥有较多增长机会的行业或企业上。一个国家资本市场是否发达、完善、规范和健康，从国家政策层面看，关键问题是能否最有效地动员整体社会的储蓄资金并将之分配到最具增长性、最有效益的投资方向上去。对于投资者来讲，在股票价格整体不断向上增长的过程中，只有看准并抓住交替推动股价长期攀升的、最具活力的、属于上升通道的上市公司，才能获得可观的收益。从资本配置和投资者的角度讲，成长性好的公司受市场资金的青睐，根据资本的逐利属性，融资就比较容易，不容易产生流动性危机。Hovakimian，Opler and Titman（2001）认为，由于投资者一般只接受净现值超过负债加上投资面值的投资计划，而放弃净现值大于投资面值但小于负债利息加上投资面值的未来增长机会，高增长机会的上市公司应当以股权融资支持增长机会。在一个拥有很多增长机会的企业里，过多的债权融资可能导致企业在没有来得及实现这些增长机会前就面临破产威胁；因此，管理者在采用债权融资时都特别谨慎。由此看来，对于现有资产，上市公司应较多采用债权融资，对于增长机会，则应更多使用股权融资。据此认为，增长机会的存在将减少企业的负债比例。许多资本结构理论的实证性研究也支持了增长性与融资渠道的这种关系。Morellec and Smith（2003）的研究也表明，企业的财务杠杆与成长性存在密切的关系，企业的负债水平与成长性存在负相关关系。他们解释这是因为负债增加企业“投资不足”的成本，减少自由现金流的收益。Titman Sheridan and Wessels Roberto（1988）、Smith C. W. J. and R. L. Watts（1992）、Goyal V. K. et al（2002）等大多数学者实证研究发现，成长性与企业资本结构之间存在显著的负相关关系，即企业成长性越好，财务杠杆越低。债权融资对流动性水平具有抑制作用，而股权融资则没有。由于成长性好、增长机会多的公司较多采用股权融资，因此与成长性差、增长机会少的公司相比，流动性会相对较高。

当然，也有一些理论认为成长性与公司的流动性呈负相关关系。此观点认为，具有高成长性的公司面临更多的投资机会，需要持续进行产品创新、规模扩张、市场创新等投资，现金流量的流出会保持较高水平。与此同时，投资支出并不能立马产生效益，项目资金的回收有一定的周期，所以高增长公司当前不能产生丰富的现金流量，甚至有些时候净现金流量会为负值，导致当前的流动性偏低。Jensen（1986）从不同角度说明了这一问题，他认为低增长企业有较多的现金流，因而在其资本结构中应选择较多的债务以通过合法的方式向外支付多余的现金；成长性较好的企业往往只有较低的现金流，因而在其资本结构中就只能承担较低水平的债务。

归纳整理公司成长性与流动性的关系，可以这样理解：第一，成长性较好的公司，要想不舍弃良好的投资机会，保持充足的流动性储备是非常必要的。第二，成长性代表的是未来企业价值中酌情支出的那一部分价值，表现形式是无形的，属于预期价值形态，因此成长性越好、增长机会越多的上市公司，未来价值的不确定性越高，风险就越大。如果财务危机出现，公司价值与预期相比就大相径庭。所以，偏重股权融资、减少债权融资、保持较高的流动性水平，降低财务风险，对高成长性公司来讲就显得意义非凡。第三，从代理成本理论和信息不对称理论角度讲，成长性好的上市公司，存在较多的不对称信息，面临的代理成本较高，外部投资者和债权人的预测能力变弱，导致外部融资成本相应增加。在此情况下，公司有效的应对措施就是保持较高的流动性储备来降低外部融资成本增加带来的财务风险。概括来讲，基于投资动机、融资渠道、管理激励等角度分析，成长性好的公司会持有较高的流动性。

从我国上市公司的实际情况看，大都处在经营规模不断扩大和股本不断扩大的过程中。公司经营规模的扩大和股本的扩大，一般是公司实力增强的表现。上市公司要恰当把握增长机会，保持良好的成长性，就必须考虑短期效益与长期效益的平衡，正确处理收益与风险之间的关系，采用适当的融资渠道，保持适合企业发展状况的适度流动性水平。

8.11 公司规模对上市公司流动性的影响

公司规模主要通过对信息不对称程度、债务融资能力、盈利能力稳定性和财务危机成本等的传导效应作用于上市公司的流动性水平。

首先，公司规模通过影响信息不对称程度和债务融资能力作用于流动性。信息不对称是不完备资本市场中的一种常态。信息不对称模型认为，由于信息不对称的存在，公司从外部筹集资金时需要付出额外的成本。规模越大的公司，其管理相对越规范，信息披露机制越健全，受外界的关注监督越多，信息不对称程度相对越小；相反，企业规模越小，信息不对称程度相对越大。信息不对称问题越严重，公司进入资本市场进行外部融资的困难就越大，因此会持有较多的流动性储备以应对财务困境的出现，其财务松弛度更大。在采用债务融资中，由于大规模公司比小规模公司能够向债权人提供更多规范性、可信度强的信息，大规模公司更能取得债权人的信任而获得贷款，因而有能力采取更高比例的债务融资（Fama E. and Jensen M.，1983）。另外，同一行业内的公司，随着公司规模的增加，对社会、国家来讲地位越加重要、关系越加紧密，其资产的波动率以及信用风险会逐步下降，债权人的风险逐步降低，债权人也更乐意向大规模公司提供贷款。Baxter N. D. and J. G. Cragg

(1970) 对 1950 年至 1965 年期间 129 家工业公司 230 次的证券发行数据进行检验发现，规模越大的公司越倾向于通过发行债券来融资。我国的多位学者对公司规模和债务融资的关系进行研究，发现我国上市公司规模越大，债务水平越高，公司规模与债务融资正相关（沈根祥、朱平芳，1999；肖作平、吴世农，2002；周勤、徐捷、程书礼，2006）。就我国上市公司而言，大规模公司的信用相对可靠，社会的认可度也更高，更容易获得贷款。用“马太效应”来说就是：“凡是有的，还要给他，使他富足；但凡没有的，连他所有的，也要夺去。”

由于公司规模通过信息不对称影响上市公司的外部融资渠道，特别是债务融资的比例，相对于小规模公司，大规模公司融资渠道更通畅，所需资金可以较容易从外部筹得，就不需要保留太多的应急储备资金；另外规模大的公司负债比率相对较高，基于债务对流动性的治理作用，其流动性相对较低。

其次，公司规模通过对盈利能力稳定性和财务危机成本的影响来作用于公司流动性水平。公司规模是众多公司表面信息当中的一个重要信息，公司总资产、公司销售收入等反映公司规模的指标是公司质量好坏的直观信号。市场通过公司规模传递的信号对公司进行评价，一般认为大规模公司与小规模公司相比，总是具有更好的发展前景，更低的预期破产成本。Harris and Raviv (1991) 和 Booth L. et al (2001) 等学者的研究表明，规模大的公司通常实施多样化经营并且具有更稳定的现金流，相对于小规模公司，大公司破产的可能性较小。这主要源于横向多元化经营可以分散经营风险，均衡不同时期的利润水平和现金流，增强抵御风险的能力，降低破产概率；而纵向一体化经营可以使外部交易内部化，减少上游供货成本或下游销售成本，更好地调配各环节的流动资金占用，加速资金周转，提高公司经营效率和利润水平。总之，由于大规模公司有稳定的现金流和较低的破产危机成本，所以相应的流动性储备会较低。

8.12 企业生命周期对上市公司流动性的影响

企业生命周期是指企业从创办开始，到其消亡为止所经历的自然时间，包括初创期、成长期、成熟期和衰退期四个阶段。处在不同生命周期阶段的企业，其投资战略和发展战略的侧重点不同，盈利能力和现金流量也有很大的区别，因此不同生命周期阶段应制定相应的经营策略、竞争策略和财务策略，合理安排融资结构与投资方向。从公司流动性角度考虑，上市公司应根据所处的发展周期，采取不同的流动性管理措施，促使流动性持有水平与发展阶段相匹配，以平衡风险与发展的关系，促进企业健康可持续营运。

8.12.1 初创阶段

处于初创时期的企业一般拥有一定的专有技术或市场优势，资金主要来源于创业者和风险投资者，企业也可能有部分债务，融资困难较为常见，资金制约相对较为明显。由于其产品或服务也是刚刚进入市场，尚未被消费者和经销商完全接受、认可，技术成熟度与服务质量等问题的解决还处于摸索期，市场销售增长率不稳定，促销费用大，生产成本也较高。企业投入多、产出少，盈利能力较低，甚至亏损，加上新产品开发的成败及未来现金流量具有较大的不确定性，投资风险较大。故此，现金流转不畅情况可能发生，现金流出远大于现金流入较为常见，自由现金流量为负也不足为奇。日常经营中正常的债务支付或者交易性支出，就可能给企业以致命的威胁，“一分钱难倒英雄汉”的现象也可能发生。

根据初创期企业的经营特点和现金流量特点，企业在资金使用上尽量要“有钢用在刀刃上”，因此流动性储备不会多，持有的流动性水平很低。但是需要注意的是，这一阶段的低流动性水平并不是公司治理的结果，而主要是由于初创期融资困难和投资多引起的，所以，应有意识地逐步提高流动储备，尽可能减少支付风险是关键所在。同时，企业应积极采取措施拓宽融资渠道，提高融资能力，比如应通畅信息渠道，减少信息不对称，积极向市场上的风险资本传达高收益投资项目的有价值的详细信息，使市场上的风险投资者能将高回报的投资项目与其他企业的劣质项目区别开来，提高投资者的鉴别能力，从而增强企业外部融资能力。在向银行融资时，畅通的信息可以让银行准确把握贷款的风险，可通过签订合适的贷款合同减少企业违约风险，同时也提高企业取得贷款的成功率。

8.12.2 成长阶段

处于成长时期的企业，随着技术的不断成熟，其产品逐渐被广大消费者和经销商接受，客户稳定增加，生产销售量明显提高，产品成本下降，业绩增长速度加快，利润大幅度提高。企业在行业中已经有了比较明确的市场定位，市场竞争能力逐渐增强。业绩的快速增长会带来大量的现金流量，流动性水平得以改善。但同时随着企业规模的壮大，成长期投资对资金的需求量也越来越大。在这一阶段，企业仍面临较大的经营风险，资金来源紧张的状况仍未得到较大改善。

成长期的企业处于上升期，不稳定因素还相当多，增加公司流动性的筹资途径应倾向于企业盈余、股权融资、长期负债等。积极的信息传递仍是有效的手段，它有助于投资者正确理解企业的高成长性，对企业投资项目保持乐观的态度，借以提高股票的价格，降低融资成本。采取少量的现金股利和高比例配股、送股的股利政策，既提高收益留存率，增加了流动性储备，满足了企业成长对资金的需求，又能传递企业高增长的信号。在这一阶段，委托代理问题日益显现，为避免经理人构建“个人帝国”而过度增加流动性储备现象的出现，可以采取股权激励的方法，比如增加经理人持有股份，通过使经理人和所有者的目标趋于一致来加以解决。

8.12.3 成熟阶段

处于成熟阶段的上市公司，资金雄厚、技术先进、管理水平高，具有很强的生存能力和竞争能力。销售增长减慢，市场运行平稳，产品市场份额稳定，企业盈利能力强，有大量的自由现金流量，加之成熟期投资减少，流动性水平显著提高。成熟期企业规模大和业务的复杂化使得企业管理越来越依赖职业经理人，经理人和股东之间的信息不对称也越来越明显，利润的增加和自由现金流量的客观存在，也会诱惑企业管理层有意保持较高的流动性储备，以利于他们增加自己的在职消费，满足其跨行业、跨地区兼并和扩张的需求。所以，成熟期的企业流动性水平普遍会很高。流动性持有过度并不是什么好事，甚至会影响企业的发展，因此，这一阶段的流动性管理重点应是采取措施加强公司治理，降低流动性水平到合适的程度，保持企业的竞争力。

解决“富余”流动性和增强企业持续竞争力是相辅相成的，可以采取以下措施：首先增加公司研发资金投入，开发新技术、新产品和新业务，以延长企业生命周期，保持持续的竞争力；其次是加大现金股利分配力度，并通过适当的股票回购，减少企业自由现金流量，同时提高股票价值；最后是根据 Jensen 的“控制假说”，提高资本结构中的负债比率，通过强制性承诺支付未来现金流，减少经理人可以自由决断使用的自由现金流量，约束经理人及其组织的行动，尽可能减少代理成本，缓解委托代理问题引起的过度流动性储备问题。

8.12.4 衰退阶段

处于衰退阶段的上市公司，成长缓慢甚至开始衰退。一方面，其产品已经陈旧老化开始被淘汰，市场份额逐渐萎缩，销售量和利润都在下降，企业盈利能力降低，迫切需要投资于新产品、开发新业务或进行业务重组和整合，以寻求新的增长点；另一方面，股票价格开始下跌，增发股票融资和发行债券及贷款都十分困难，企业筹资能力明显下降，现金流转不畅，流动性水平下降，财务状况开始恶化。

另外，经历了发展的辉煌时期，衰退期企业一般股权分散度相对较高，广大的中小股东监督经理人的成本很高，失去了监督的积极性。管理层为避免企业被竞争对手接管或兼并带来的威胁，会迫切地实施反兼并措施，如进一步扩大规模，增加被兼并成本，使竞争者感到无利可图而放弃兼并等。在这一过程中，管理层会按自己利益最大化原则，随心所欲地做出投资决策，可能把股东利益抛到脑后。各方面的问题相互作用，稍有不慎，就会使企业陷入流动性危机，快速进入破产清算的困境。所以，这一阶段可通过业务收缩、资产重组等方式获得现金流量，努力开发新产品、新业务，尝试蜕变进入新的成长阶段。

综上所述，企业所处的生命周期阶段不同，流动性水平也不同，需要解决的流动性问题的侧重点和策略也应不同。在分析上市公司的流动性问题时，应根据其所处的生命周期阶段的经营特点、财务特征和管理模式，采取不同的措施进行管理，对症下药，尽量做到流动性水平适度。

8.13 实证研究

企业内部因素众多，对公司流动性的影响途径和作用不一。在实证研究中，必须对影响因素按照影响途径和影响程度重新划分为直接因素和间接因素两大类，以判定哪些因素直接对公司流动性持有水平产生影响，哪些因素通过直接因素间接对公司流动性水平产生作用。这样，可以在一定程度上避免实证中的共线性问题，有助于找出影响公司流动性的关键因素。

8.13.1 按影响途径和程度对影响因素重新划分

8.13.1.1 直接影响因素

根据前面的分析，本书认为内部影响因素中属于直接因素的主要有以下几个：

（1）资产结构。由于资产结构关系到不同资产所占的比例，相对于固定资产配置较高的公司，流动资产配置较高的公司变现能力较强，财务灵活性较高，在应付临时性支付要求时有较强的变通能力，相应的流动性水平较高。因此，资产结构直接关系到公司的现金流量和融资能力，是影响公司流动性大小的直接因素。资产结构可以用流动资产比率来表示。

（2）营运资金管理效率。营运资金管理效率关系到营运资金占用的数量，较高的营运资金管理效率标志着较快的资金周转速度，资金占用相对较少；反之，相同的营运资金规模在较低的管理效率下则需要占用较多的资金。所以，营运资金管理效率会直接影响公司流动性的大小。

（3）负债。在两种外源融资方式中，负债融资具有更强的公司治理作用。到期支付本金给管理层带来压力，强制性利息支付导致现金流出的增加。因此，资本结构中较大的负债比率会降低现金净流量再融资能力，直接影响公司流动性。

（4）盈利能力的稳健性。稳健的盈利能力带来较为肯定的盈利预期，预期现金流风险较小，就不需要过多的流动性储备；在盈利能力呈现较大波动性的情况下，盈利预期和现金流预期的不确定性较强，就需要储备较高的流动性来防范未来的支付风险。所以，上市公司盈利能力的稳健性会直接影响流动性水平决策。

（5）经营现金流。本书将公司流动性界定为公司通过经营活动创造现金和外部融资筹集资金来随时满足企业所有现金需求的能力。经营现金流作为企业自身造血能力的重要标志，是公司流动性的根源所在，从本源上决定了公司支付能力的稳定性，因此成为影响公司流动性的直接因素。

（6）股权结构。股权结构是公司治理的重要内容，其中管理层持股比例和股权集中度是委托代理问题中解决经理人与股东、控股股东与小股东之间冲突问题的关键因素，决定了企业的财务政策制定是否与公司价值最大化目标趋于一致，公司流动性正是重要的财务政策之一。

（7）股权融资偏好。股权融资没有强制还款的压力，加上我国上市公司较少发放现金股利，使得股权融资成本极低，基本成为公司无偿使用的永久“免费”资金。具有强烈股权融资偏好的公司把股市当成“圈钱”的场所，“圈钱”成功后极易造成资金闲置，成为造成高流动性的直接因素。

（8）股利政策。现金股利的发放直接导致现金流出企业，因此股利政策直接影响公司的流动性储备水平。

（9）成长性。上市公司的成长性标志着未来投资机会所需资金量和未来盈利增长能力。成长性好的公司由于未来投资机会多，资金需求量大，需要保持较高的流动性以避免“投资约束”，加之其盈利能力较强，更增加了流动性持有水平；低成长性公司未来投资机会少，资金需求量小，加上盈利增长不力，就不需要太高的流动性储备。因此，成长性会直接影响现时流动性储备的高低。

8.13.1.2 间接影响因素

直接因素直接影响上市公司流动性管理政策和持有水平，而间接因素则大多通过直接因素对流动性发生作用，或者难以从其他因素中分离出来单独作用于流动性水平。

（1）“三会”特征。股东大会、董事会和监事会是公司治理的主要变量。“三会”召开次数、人员参加情况、人员组成结构、人员受教育程度等关系到公司治理的好坏，但由于这些大多是主观因素，难以客观测量，又难以和公司治理的其他变量严格区分，因此本书将其作为影响公司流动性的间接因素。

（2）公司规模。如前文所讲，公司规模主要通过对信息不对称程度、债务融资能力、盈利能力稳定性和财务危机成本等的影响来作用于上市公司的流动性水平，是间接影响因素之一。

（3）企业生命周期。企业因所处的生命周期阶段不同，在投资需求、盈利能力、现金流量、融资能力方面的特点也不同，并通过这些方面间接对公司流动性产生影响。

由于间接影响因素主要以一个或多个直接影响因素为桥梁对公司流动性产生影响，为了避免影响因素的共线性并考虑变量的客观性和易得性，因此，以下的实证部分只针对直接影响因素进行研究。

8.13.2 公司流动性指标与研究假设

8.13.2.1 公司流动性指标

本章对公司流动性水平的计量研究沿用前文选用的指标之

一，即现金流量充分性比率（Ratio of Cash Flow Sufficiency），以下简称 RCFS。该指标的含义和计算公式见第五章。下面在研究假设中分别说明各个自变量对现金流量充分性比率（RCFS）的影响。

8.13.2.2　研究假设

在资产结构中，扩张型配置流动资产比例较低，容易产生流动性危机，保守型配置流动资产比例较高，减少了支付风险但会损害公司的收益性。高流动资产比率公司比低流动资产比率公司的变现能力强，资金周转率高，可以更好地满足各种支付需求，因此本书认为流动资产比率（Current Ratio）与 RCFS 正相关。提出第一个假设：

H1：流动资产比率（Current Ratio）与 RCFS 呈正向关系。

高效的营运资金管理可以缩短现金周转期，加速现金流转，提高短期偿债能力，增加营运资金价值。因此，营运资金管理效率与公司流动性正相关。衡量营运资金管理效率的指标有很多，既有单项指标（如应收账款周转率、存货周转率、应付账款周转率等），也有综合指标（如营运资金周转率、现金周转期、流动资产周转率等）。从本书采用的数据来源看，由于综合指标数据不全，导致样本太少，可能影响实证结果的可靠性，因此选用单项指标。根据王竹泉、刘文静、高芳（2007）对我国上市公司 1997 年至 2006 年营运资金管理绩效的调查结果看，在计算营运资金周转期的三个因子中，应收账款周转期与营运资金周转期的变动趋势最一致。应收账款管理能很好地体现企业在资金回收过程中的效率，直接影响企业的支付能力，因此在单项指标中选取应收账款周转率代表企业的营运资金管理效率。为此提出第二个假设：

H2：应收账款周转率（Accounts Receivable）与 RCFS 呈正向关系。

负债在优序融资理论中是融资的最后选择，企业总是尽可能地在内部积累资金，以供优先选择，这在一定程度上导致尽可能的低负债。自由现金流量理论和代理理论则把负债看成治理高现金持有的良策。由于无息负债主要是经营活动产生的短期应付项目，融资能力和治理作用较弱，而有息负债主要是对外借款形成的，更加符合优序融资理论和自由现金流量理论中负债的范畴。因此，本书认为有息负债率（Interest-Bearing Liabilities Ratio）与公司流动性呈负向关系，提出第三个假设：

H3：有息负债率与 RCFS 呈负向关系。

从长期看，具有稳健盈利能力的上市公司会带来稳定的经营活动现金流，各年现金流量均衡，没有较大的支付风险，因此不需要保有太高的流动性应急资金，相对流动性较低。因此，盈利能力的稳健性与公司流动性呈负向关系。

盈利能力的稳健性和波动性是相反的，盈利能力越稳健，其波动幅度越小。标准差表示样本数据的离散趋势，是衡量样本波动大小的统计量。样本标准差越大，样本数据的波动性就越大。本书用“前三年总资产净利率的标准差除以当年期末资产余额”的指标来衡量盈利能力波动幅度。该指标越小，盈利能力稳定性越高，就不需要太多的预防性流动储备资金；该指标越大，盈利能力稳定性越低，需要的预防性流动储备越多。把盈利能力的波动幅度作为稳健性的替代变量，提出第四个假设：

H4：盈利能力波动幅度（Fluctuate of Earning Power）与 RCFS 呈正向关系。

经营活动是企业赖以生存的基础，经营活动产生的现金流入也是满足各种现金支付需求的基本来源，是企业持续经营和长期发展的基本条件。Opler et al（1999）在研究中也曾采用“经营活动产生的现金流量净额/公司总资产”指标来衡量公司的现金流入量。由于经营活动现金净流量表示直接增强的支付能力，因此，认为经营现金净流量对资产总额比率与公司流动性呈正向关系，提出第五个假设：

H5：经营现金净流量与资产总额比率（Net Cash Flow From Operations to Assets）和 RCFS 呈正向关系。

当管理层持股达到一定的比例时，会促使其增加工作努力程度，提高资金效率，减少侵害股东的行为。Faulkender M. W.（2002）等学者分别从自由现金流量和现金持有水平的角度研究，认为增加管理层持股可以减少管理层掌握的“闲置资金”。Morck R. et al（1988）以世界 500 强中的 371 家公司为样本，研究发现管理层持股比例与公司绩效（托宾 Q 值衡量）之间存在非线性关系，持股比例在 0 ~5% 之间正相关，在 5% ~25% 之间负相关，大于 25% 又正相关。McConnel J. and H. Servaes（1990）采用二次方程研究托宾 Q 值与管理层持股比例之间的关系，他们发现托宾 Q 值随着管理层持股比例的增加而增加，但持股比例达到 40% ~50% 后，托宾 Q 值随着该变量增加而减少。据初步测算，我国上市公司管理层持股比例大都在 5% 以下，加之公司流动性会影响公司绩效，因此，本书把管理层持股比例作为公司治理层面的控制变量，引入模型，认为管理层持股比例与公司流动性呈负向关系，提出第六个假设：

H6：管理层持股比例（Managerial Share Rate）与 RCFS 呈负向关系。

根据对样本公司的测算，第一大股东和第二大股东持股比例之和均在 20% 以上，即属于适度集中和高度集中两种类型。股权集中有利于控股股东对管理者实施监督和控制，加强了公司治理作用，但高度集中的股权也会造成控股股东对广大中小股东利益的侵害。Shleifer（1986）和 Johnson et al（2000）等认为控制性股东具有强烈的动机来掠夺公司资源以增加自身的财富，而高流动性储备有利于控制性股东进行财富转移。考虑到我国股权集中度的具体情况，本书认为股权集中度与公司流动性呈正向关系。股权集中度（Concentration Ratio of Shares）用前十大股东持股比例表示，作为公司治理层面的第二个因素引入模型，为此提出第七个假设：

H7：前十大股东持股比例与 RCFS 呈正向关系。

根据前文的分析结果，相对于债权融资，股权融资容易造成资金闲置，因此认为股权融资偏好与公司流动性正相关。当上市公司采用股权融资时，会带来较高的现金流入，加上没有债权融资的强制性现金支付需求，就会导致较高的流动性水平。为此提出第八个假设：

H8：是否进行股权融资（Equity Financing Y/N）与 RCFS 呈正向关系。

Jensen et al（1976）认为支付现金股利可以减少自由现金流量。发放现金股利可以增加现金流出，减少现金净流量，降低流动性水平，因此现金股利发放与公司流动性呈负向关系。本书采用每股股利表示上市公司现金股利的支付水平，当年没有发放现金股利的每股股利为 0，为此提出第九个假设：

H9：每股股利（Dividend Per Share）与 RCFS 呈负向关系。

成长性好的公司需要较多资金储备以备未来投资所需，盈利增长能力较强又提高了公司的留存收益，加速了内部资金积累。因此，认为成长性与公司流动性呈正向关系。Opler et al（1999）、Ozkan A. and Ozkan N.（2004）等都以公司的 Market-to-Book（公司总资产的账面价值 - 权益账面价值 + 权益市场价值）/公司总资产的账面价值）来衡量公司未来的投资机会和成长性。但由于我国上市公司存在股权分置现象，在计算公司权益账面价值时比较困难。根据宋剑峰（2000）借助于 Edwards-Be11 - hlson 模型所做的研究，“市净率”指标（P/B，

Price Per Book Value）可以较好地预示公司未来的成长性，我国股市数据支持其研究结论。因此，本书选择市净率作成长性指标，提出第十个假设：

H10：市净率（P/B）与 RCFS 呈正向关系。

8.13.3 研究设计

8.13.3.1 变量选取与含义

根据前文的分析，现金流量充分性比率（RCFS）作为因变量，流动资产比率、应收账款周转率、有息负债率、盈利能力波动幅度、经营现金净流量与资产总额比率、管理层持股比例、前十大股东持股比例、是否进行股权融资、每股现金股利、市净率十个变量作为自变量，关于各个变量的具体描述详见表 8.7。

表 8.7　　变量定义表

变量	变量符号	预期符号	含义及计算说明
现金流量充分性比率	RCFS		是衡量企业运用各种现金流入满足所有现金支付需求的综合流动性指标 计算公式见第五章
流动资产比率	CR	+	反映流动资产占总资产的比重 CR = 流动资产/总资产
应收账款周转率	AR	+	表示企业的应收账款在一定时期内周转的次数，反映营运资金管理效率 AR = 销售收入/应收账款平均占用额
有息负债率	IBL	-	反映有息负债占资产总额的比率 IBL = 有息负债/资产总额

表8.7(续)

变量	变量符号	预期符号	含义及计算说明
盈利能力波动幅度	FEP	+	反映盈利能力的波动性。该指标值越大，盈利能力越不稳健 FEP = 前三年总资产净利率的标准差/当年期末资产余额
经营现金净流量与资产总额比率	NC	+	反映当期经营活动赚取现金的能力 NC = 经营活动产生的现金流量净额/期末资产总额
管理层持股比例	MSR	−	代表公司高级管理人员所持股份占全部股本数的比值 MSR = 高级管理人员持股/全部股本
前十大股东持股比例	CRS	+	表示股权集中度，是前十大股东持股比例之和 CRS = 前十大股东持股/全部股本
是否进行股权融资	EFy/n	+	反映公司是否具有股权融资偏好。本书采用二元变量衡量上市公司是否进行股权融资，采用股权融资的赋值1，没有则赋值0，即EFy = 1，EFn = 0
每股现金股利	DPS	−	反映上市公司现金股利的支付水平 每股现金股利 = 现金股利总额/总股本
市净率	P/B	+	表示上市公司的成长能力和未来投资机会 市净率 = 每股市价/普通股每股净资产

8.13.3.2　模型设计

鉴于前文的理论分析和本章的研究目的，构建了如下实证研究模型，用以反映影响公司流动性的因素，并比较各因素对流动性水平影响的程度。

$RCFS_i = a_0 + \beta_1 CR_i + \beta_2 AR_i + \beta_3 IBL_i + \beta_4 FEP_i + \beta_5 NC_i + \beta_6 MSR_i + \beta_7 CRS_i + \beta_8 EFy/n_i + \beta_9 DPS_i + \beta_{10} P/B i + \varepsilon_i$

其中 i = 1，2…，n

8.13.4 样本选择、数据来源及初步处理

基于本章的研究目的，样本筛选遵循了以下基本原则：样本公司必须在2003—2007年五年中均提供了计算上述各个变量的连续数据。由于计算盈利能力的波动性需要前三年的数据，实际计算时需要样本公司2000—2007年的连续数据。根据此原则，从本章8.2.1选出的924家连续五年正常上市交易的上市公司中，剔除了数据不全的公司，最终得到462家样本公司连续五年（计算盈利能力的波动性指标数据为连续八年）的数据。

本章数据来源于国泰安数据库或根据国泰安数据库数据计算整理，考虑到一些上市公司出于年度平衡等目的可能对报表数字进行操作，为减少报表年度间人为操作对实证结果的影响，消除样本数据中的时间效应，在原始数据的基础上采用算术平均法对每个样本公司的时间序列值进行平均，即对各自变量和因变量2003—2007年五年的指标数据进行算术平均，利用算术平均值进行实证研究和分析。

8.13.5 实证结果及分析

8.13.5.1 描述性统计

对样本数据进行描述性统计分析，各统计指标见表8.8所示：

表 8.8　　　　各变量描述性统计结果

Variable	RCFS	CR	AR	IBL	FEP	NC	MSR	CRS	EFy/n	DPS	P/B
Mean	.1702	.5009	672.03	.2582	.0192	.0570	.0001	57.7742	.1147	.0902	2.8240
Median	.0319	.4949	6.8596	.2559	.0140	.0535	5.47E-07	59.513	0	.0610	2.4681
Maximum	13.107	.9474	178829	.6843	.1679	.2332	.0044	94.644	1	.6884	9.0714
Minimum	-.6987	.0551	.6578	0	.0023	-.1251	0	24.866	0	-.4240	.9544
Std. Dev.	.9465	.1864	9689	.1377	.0165	.0471	.0004	11.9018	.3190	.1096	1.2886
Skewness	10.425	.0740	16.3603	.0094	3.2303	.1386	7.6130	-.3612	2.4180	1.8402	1.7495
Kurtosis	123.93	2.4263	279.849	2.3992	20.572	4.2550	72.8226	2.7560	6.8466	9.7567	7.0640
Jarque-Bera	289868	6.7572	1496030	6.9548	6747	31.797	98310.3	11.1937	735.01	1139.58	553.616
Prob.	0	.0341	0	.0309	0	0	0	.0037	0	0	0
Obs.	462	462	462	462	462	462	462	462	462	462	462

从表 8.8 看，RCFS 平均值较高，流动性较好，经营活动、投资活动和筹资活动的现金流量可以满足当期各种现金支付需求外，还可以满足下期 17% 的偿还债务和利息、购置长期资产及分配股利的现金支付需求。原因之一可能在于样本剔除了 ST 公司、PT 公司等流动性差的公司有关。表 8.8 也表明样本公司的流动资产比率、应收账款周转率、经营现金净流量与资产总额比率等指标较高，公司成长性也较好。

8.13.5.2　相关性分析

为检验变量间的相关性，对各变量进行两两相关性分析，结果见表 8.9 所示：

表 8.9　　　　各变量相关性分析列表

	RCFS	CR	AR	IBL	FEP	NC	MSR	CRS	EFy/n	DPS	P/B
RCFS	1										
CR	.0981	1									
AR	.4194	-.0616	1								
IBL	-.2214	-.3042	-.0927	1							
FEP	.0972	.0087	-.0425	-.0435	1						
NC	.1386	-.3873	.0080	-.1159	.0176	1					
MSR	-.0236	.0305	-.0154	.0452	-.0240	-.0312	1				
CRS	.0426	-.0607	-.0391	-.1534	-.0689	.2421	-.0785	1			

表8.9(续)

	RCFS	CR	AR	IBL	FEP	NC	MSR	CRS	EFy/n	DPS	P/B
EFy/n	-.0407	-.0243	-.0240	.0146	-.0508	-.0049	.0264	-.0169	1		
DPS	-.0033	-.0698	-.0168	-.1901	-.0856	.4262	.0243	.3087	.1891	1	
P/B	.1525	.1394	-.0461	-.0390	.1895	.1609	-.0008	.1220	-.0017	.1113	1

从两两相关性分析的结果看，RCFS 与 CR 、AR、FEP、NC、CRS、P/B 呈正向关系，但除 AR 与 RCFS 的相关系数大于 0.3，呈正相关关系外，CR 、FEP、NC、CRS、P/B 与 RCFS 的相关系数均小于 0.3，相关关系不明显。RCFS 与 IBL、MSR 、EFy/n、DPS 呈反向关系，相关系数较小，相关关系不明显。在各个自变量对因变量的作用方向上，EFy/n（是否进行股权融资）与预期结果相反，其余影响因素的作用方向均与预期结果一致。自变量之间相关系数均小于 0.5，不存在多重共线性问题。

8.13.5.3　多元回归分析

采用最小二乘法（OLS）对方程进行回归，回归结果见表 8.10 所示：

表 8.10　　回归结果

Variable	预期符号	Coefficient	Std. Error	t-Statistic	Prob.
CR	+	.7078	.2484	2.8488	.0046
AR	+	4.12E-05	3.98E-06	10.3614	0
IBL	-	-.8651	.3098	-2.7925	.0055
FEP	+	4.3974	2.3835	1.8450	.0657
NC	+	3.9169	1.0224	3.8312	.0001
MSR	-	-7.3452	99.6390	-.0737	.9413
CRS	+	.0020	.0035	.5930	.5535
EFy/n	+	.0010	.1225	.0083	.9934

表8.10（续）

Variable	预期符号	Coefficient	Std. Error	t-Statistic	Prob.
DPS	-	-.9251	.4118	-2.2464	.0252
P/B	+	.0812	.0316	2.5733	.0104
C		-.5596	.2899	-1.9304	.0542
R-squared		0.271418	Mean dependent var		0.170228
Adjusted R-squared		0.255263	S.D. dependent var		0.946453
S.E. of regression		0.816771	Akaike info criterion		2.456607
Sum squared resid		300.8692	Schwarz criterion		2.555073
Log likelihood		-556.4762	F-statistic		16.80106
Durbin-Watson stat		1.990616	Prob（F-statistic）		0.0000

从表8.10显示的回归结果可以看出，样本范围内自变量对因变量的解释能力为27.14%。这也说明了除本章实证研究选取的直接影响因素外，还存在其他因素的影响，印证了前文的研究结论。从回归系数符号看，与预期完全一致。

8.13.6 实证研究结论

本章对流动性的直接影响因素进行实证研究，通过描述性分析、显著性分析和回归分析，得出以下结论：

（1）流动资产比率与RCFS呈正向关系，在1%的水平上显著，支持了H1。

（2）应收账款周转率与RCFS呈正向关系，在1%的水平上显著，支持了H2。

（3）有息负债率与RCFS呈负向关系，在1%的水平上显著，支持了H3。

（4）盈利能力的波动幅度与RCFS呈正向关系，在10%的水平上显著，支持了H4。

(5) 经营现金净流量与资产总额比率与 RCFS 呈正向关系，在 1% 的水平上显著，支持了 H5。

(6) 管理层持股比例与 RCFS 呈负向关系，与预期方向一致，但没有通过显著性检验。原因可能在于：我国上市公司管理层持股比例相对较低，样本公司中管理层持股比例最高只有 0.44%，较低的持股比例不会对经理人员产生激励作用，所以回归结果是呈负向关系。李增泉（2000）、袁国良和王怀芳等（1999）在研究管理层持股与公司业绩的关系时有相同的结论，这与国外对管理层持股的研究存在一定的偏差。这可能与时间、样本大小、市场背景及国情有关。

(7) 前十大股东持股比例与 RCFS 呈正向关系，与预期方向一致，但没有通过显著性检验。原因可能在于：本书选用前十大股东持股比例作为变量，在股权高度集中的公司中，大股东的“掏空”行为在一定程度上受到了大股东之间股权制衡作用产生的“支持行为”的抑制，所以呈现了正向关系，但并不显著。另外，所选样本在时间上正处于我国上市公司股权分置改革前后，国有股减持、非流通股流通等变革对实证结果也会产生一定的影响。

(8)“是否进行股权融资”与 RCFS 呈正向关系，与预期方向一致，但没有通过显著性检验。原因可能在于：公司在 IPO 时股权融资的数量巨大，对公司流动性影响较明显，而且只有当市场条件较好时，公司才会通过 IPO 市场择时以囤积现金持有量。[①] 本书由于数据选择的原因，选取的样本公司均是在 2000 年以前上市的，所以样本中没有 IPO 巨额融资的情况。相对于 IPO，增发配股金额相对较小，而且指标数据都是五年平均后的数据，对实证结果也存在一定的影响。

---

① 况学文，彭迪云．市场择时、大股东控制与现金持有量研究［J］．山西财经大学学报，2008，(30) 4：112－120.

（9）每股股利与 RCFS 呈负向关系，在 5% 的水平上显著，支持了 H9。

（10）市净率与 RCFS 呈正向关系，在 5% 的水平上显著，支持了 H10。

9 研究结论与启示

本章主要对理论和实证研究结果进行总结，初步提出上市公司流动性管理措施，对本研究的研究局限做出说明，并对未来的研究方向进行了展望。

9.1 主要研究结论

公司流动性直观上取决于现金流量和支付现金需求的比较以及公司的应急筹资能力，反映公司财务支付安排的灵活程度。它是公司通过经营活动创造现金和外部融资筹集资金来随时满足企业所有现金需求的能力，是一种适应经济环境变化和利用投资机会及应付财务危机的能力。高流动性体现了公司获取现金流量的能力和财务安排的高度灵活性，降低了发生流动性危机的风险，为管理者创造了规避资本市场惩罚的能力，但超过适度水平的流动性储备所创造的公司价值低于流动性储备本身的价值，即对公司整体价值具有负面影响（Pinkowitz et al，2005；Dittmar A. and Mahrt Smith J.，2007）。因此，必须理清影响公司流动性的因素及各因素对公司流动性的作用机理，使公司保持适度的流动性水平，并在流动性水平过高或过低时利用影响因素的作用机理进行合理干预，保持公司稳健可持续发展。本书就上市公司流动性影响因素进行了较为全面细致的理论研究和实证研究，获得了一些有意义的、有应用参考价值的研究结论。

（1）影响上市公司流动性的因素很多，既有宏观层面国家经济政策因素的影响，又有中观层面行业因素的影响，更有微观层面企业内部因素的影响。影响因素之间的关系错综复杂，对影响因素按由表及里、由外到内的顺序进行剖析，再按直接因素和间接因素的标准进行分类，梳理了各因素对公司流动性的影响方式和作用机理，有利于上市公司在流动性管理上做到有章可循、有的放矢。

（2）我国上市公司流动性的初始持有动机具有自己的特色，“制度寻租”动机主要是由于我国资本市场发展时间相对较短、制度规范相对较弱造成的。

（3）我国上市公司的总体流动性水平受到宏观因素的影响。上市公司的整体流动性趋势和总体状态分布体现了国家财政政策、货币政策、信贷政策、股票市场变化（牛市和熊市）等宏观因素的影响。这些因素在企业所得税、利率、信贷额度等具体政策的传导下，通过影响上市公司的融资难易程度和资本结构对公司流动性产生影响。

（4）不同行业间的流动性持有水平存在显著差异。同一年度的公司流动性水平的高低存在横向行业间的差异，体现了行业特征、行业风险、行业竞争性、行业成长性等行业因素对公司流动性的影响；大部分行业的纵向时序变化特征呈现出一致性，与总体流动性水平波动趋势相同，进一步印证了宏观经济因素对总体流动性水平的影响。

（5）企业内部因素对流动性持有水平起着关键作用，除了自身直接作用于流动性储备的高低外，许多外部因素也通过对内部因素的传导，影响着公司的流动性决策。上市公司在实际应用中可以根据自身的特点采取相应的调整措施。

①资产配置结构和营运资金管理效率影响公司的流动性。拥有保守型资产配置结构的上市公司，其流动性要优于扩张型资产配置结构的企业。因此，当企业处于扩张期，流动资产比率较小时，为避免发生流动性支付危机，提高营运资金管理效率、加强应收款项资金回收是一种提高流动性的可行方法。

②成长性好的企业面临较多的投资机会，在企业内部积累

资金，保持较高的流动性以应对投资项目的资金支出需求，可在一定程度上避免被迫放弃好的投资机会。盈利能力稳定的公司现金流较为平稳，不需要持有太多的应急流动性储备。经营活动产生的现金净流量是内部资金积累的主要来源，加强对经营活动现金流入、流出的管理，增加资金积累，可以促进企业成长的良性循环。

③企业可以利用有息负债和现金股利对公司流动性的反作用来调节流动性，使之处于适当水平。在流动性过剩的企业，通过发放现金股利降低流动性储备，可以在返利于股东的同时提高资金使用效率。在对外融资时，按照银行借款、发行企业债券等有息负债方式优先的原则，尽量避免股权融资，实现企业价值最大化。

④并不是所有的内部因素都对公司流动性产生明显的影响。管理层持股、股权集中度和是否进行股权融资等因素对公司流动性的影响没有得到数据的显著性支持。

9.2 相关启示

本书从对公司流动性影响因素的研究中得到一些启示：流动性与上市公司的稳健可持续发展息息相关。流动性不足直接影响经营性支付能力和偿债能力，使企业财务吃紧甚至陷入经营难以为继的困境；流动性不足也会使企业不得不放弃盈利性的投资项目，由于缺乏投资资金导致企业丧失良好的发展机遇。但是，如果保持过高的流动性储备，就会导致出现资金的高成本低效率、实际控制人“侵占”等局面，影响上市公司的健康可持续发展。因此，上市公司要保持适度的流动性，就需要建立健全公司内部流动性管理体系和预警机制，优化协调外部客观环境，根据各类流动性影响因素的具体特点实施不同的应对措施。

9.2.1 建立健全流动性管理体系和预警机制

上市公司要想驾驭流动性，不为其所困、为其所累，使流动性成为公司健康可持续发展的不竭动力，就要做到未雨绸缪，变被动防御为主动控制与管理，变“堵”为“疏”，构建一套切实有效的流动性管理体系和预警机制，做好公司流动性战略规划。一套科学的流动性管理体系和预警机制应包括事前的流动性整体架构建设、事中的流动性日常预警评价管理和事后的流动性风险补救措施三大模块。

9.2.1.1 科学构建公司流动性整体架构

流动性整体架构构建，是以企业可持续发展为目的，根据公司流动性分层理论，对公司流动性来源与流动性需求进行科学合理配置，力求既能有效满足各种流动性需求，避免财务风险甚至破产威胁；又能控制成本增加，保证资金使用效率。根据公司流动性分层理论，公司流动性主要包括第一层次的绝对流动性、第二层次的相对流动性、第三层次的综合流动性和第四层次的完全流动性。每一个层次的流动性均包含所有流动性的支付需求，但每个层次包含的流动性来源范围不同，从第一层次到第四层次流动性来源逐步扩大。根据持有流动性的成本与收益相配比的原则，需要根据流动性来源与流动性支付进行合理配置，构建公司流动性整体架构。

第一个层次的绝对流动性，主要是企业以持有的现金来满足各种支付需求的能力。现金是流动性最强的资产，是最现实的支付能力，可以随时满足各种支付需求，但现金又是收益性最低的资产。根据现金资产的特点，绝对流动性储备主要应以满足正常经营活动的支付为主，并保持一定比例现金持有量以满足意外的应急流动性需求。正常经营活动的支付主要包括采购资金、人员工资、办公支出等，通过财务预算可以知道每期的支付数额；意外的应急流动性支付可以根据企业以往的数据进行大致的测算，在应急筹资渠道产生效应未知的情况下，现金持有可以解燃眉之急。在现金储备与经营活动日常支出及应急准备金合理配比的前提下，可以使企业在第一层次流动性上保持适度。

第二个层次的相对流动性，主要是以企业资产变现为前提满足流动性支付需求的能力。变现是资产具有流动性的重要一环，马克思曾形容，商品价值从商品体到金体上是商品惊险的跳跃。① 之所以称其为“惊险的跳跃”，是因为在变现过程中有许多风险，风险导致资产转换的货币数量存在不确定性，因此资产变现所需时间和资产变现度（资产转换为现金的程度）是第二层次流动性的关键。在资产变现的风险成本和持有流动性收益的权衡下，第二层次的流动性来源需要在时间上与流动性支付需求相匹配，主要体现在满足偿还债务的支付需求上。资产与负债的时间匹配原则是短期债务由变现时间短的资产来保证支付，长期债务由变现时间长的资产来保障。根据偿还债务所需资金的变动调整资产变现，保持合理的流动性，避免因仓促紧急变现使资产大幅减值缩水。

第三层次的综合流动性，包含了经营活动、投资活动和筹资活动的所有流动性获得途径，除了上面所阐述的内容外，投资项目的支出主要应以企业留存利润储存的流动性和对外筹资获得的流动性来满足。投资项目所需资金量很大，在流动性合理匹配的基础上完全以自有流动性储备来满足不现实、也不科

① 马克思. 资本论：1 卷［M］. 北京：人民出版社，1975：389.

学，通过外部筹资渠道融资来满足投资项目的部分或全部资金需求，以项目的预期盈利来进行滞后支付，是科学流动性架构的一个组成部分。

第四层次的流动性包含了企业的应急筹资能力。应急筹资能力的实现是以发生意外的流动性需求为前提的。所以，这一流动性来源主要是满足企业额外的、急需的流动性支付需求。

构建公司流动性的整体架构，在于不断追求流动性来源与流动性需求之间科学合理的匹配，保持企业可持续发展所需的适度流动性水平。要追求这种完美匹配，就要预先对上市公司的资产配置结构和资本结构进行科学安排，兼顾长远与当前，统筹企业内外可利用的有效条件，对公司流动性来源、需求及其波动做好预测，夯实基础财务工作，构建符合公司自身特点的流动性整体架构。

9.2.1.2　公司流动性日常评价和预警管理

如果说流动性整体架构是保持公司流动性适度的必要前提，那么流动性日常管理就是公司流动性合理适度的关键所在。上市公司应该在日常管理中对公司流动性进行科学评价和风险预警防范，增强流动性管理的警觉意识，及时捕捉流动性存在的显性或隐性风险，做到“超前”应对，将风险规避于计划之中。

（1）对资产配置质量进行管理监控。资产配置质量的管理监控包括管理监控资产的周转能力和变现度。马克思在《资本论》中把货币资本、生产资本和商品资本的循环用“G—W—P—G′”表示，即产业资本从货币资本购买生产资料开始，转入生产资本，再转化为商品资本，最后把商品资本转化为一个增值的货币资本，完成一个循环。这里面蕴含的就是资产的周而复始的流动过程，如果在哪一个环节出现断流，就可能导致流动性危机的发生。所以，对资产流动周转能力和变现度进行管理监控是流动性日常管理的重要组成部分。反映资产周转能力的指标由三类指标组成：第一类是反映某一种资产流动能力的指标，具体有现金及现金等价物周转率、应收账款周转率、应收票据周转率、存货周转率、固定资产周转率等；第二类是综合周转率指标，包括流动资产周转率、长期资产周转率、总资产周转率等；第三类是考虑了偿债能力的复合指标，如现金周转期指标和营运资金周转率指标。资产变现度可以用“（市价-变现费用和损失）/账面价值”来计算衡量。变现度指标值越高，变现度越高，资产流动性质量就越高；指标值越低，变现度越低，资产流动性质量就越低。上市公司在日常管理中可以结合所处行业和自身特点，选择合适的评价指标，为所选指标设定一个警戒“黄线”，在接近警戒线时要及时进行调整，避免流动性危机的发生。

（2）对偿债能力进行管理监控。偿还债务所需资金是流动性支付的主要内容之一，应把偿债能力的管理监控作为流动性管理的安全警戒线。许多上市公司的流动性危机都以无法偿还到期债务为爆发点，如原郑百文、三九企业、新疆德隆等，最终破产的重要原因之一，就是由于资金链断裂，流动性严重不足，导致无法偿还到期债务。因此，上市公司在日常财务管理中，要监控好偿债能力的各项警戒指标，严禁逾越“雷池”的财务行为发生。在日常管理监控中，上市公司可根据行业特征、自身历史数据和融资能力，科学制定符合公司条件的各种偿债能力指标（如流动比率、速动比率等）的基准值（如行业连续三年的流动比率平均值），在此基础上允许浮动一定的百分比（比如0.2）作为安全界限。低于下限则容易造成支付风险，高于上限则持有流动性过高，会影响公司的资金运营效率和盈利能力。

（3）对现金流量进行管理监控。现金流量的管理监控是上市公司流动性日常管理的重要一环。现金流量高度影响着公司的生存和发展，现金周转顺畅与否，现金调配是否及时到位，都与公司流动性息息相关。现金流量包括经营活动现金流量、筹资活动现金流量和投资活动现金流量，应分别设置指标进行监控。可以通过设置“经营活动现金流入流出比”、“筹资活动现金流入流出比”和“投资活动现金流入流出比”来管理评价三种活动自身的流动性满足能力和对公司流动性的贡献。

（4）结合宏观环境和行业政策适时调整公司流动性水平。对上市公司来讲，宏观环境和行业政策具有不可控性，一个企业往往无法改变宏观经济政策和行业规范的实施，但这并不意味着企业在外部环境面前就束手无策。了解国家经济发展态势和各种经济政策实施情况，提高对行业事务的参与度，可以增强对外部环境的预测能力。根据对外部环境的预测，调整公司流动性储备和管理策略，从而变被动防御为主动应对，防患于未然。一般情况下，在宏观经济政策从紧，行业政策紧缩的时候，由于外部筹集资金变得不易，企业在需要资金时主要以内部积累为主，流动性水平就应“适度饱食”，适当提高流动性储备，避免在急需资金时受困；在宏观经济政策宽松和行业受扶持的时候，从外部筹资就相对容易，在需要资金时应充分利用债务的杠杆效应，以外部资金为主，流动性水平就应“适度饥饿”，适当降低流动性储备，提高资金使用效率，促进企业价值最大化的实现。

9.2.1.3 公司流动性风险补救措施管理

流动性风险补救措施管理，就是对上市公司应付突发事件、化解流动性风险的应变能力的管理。流动性风险补救措施是公司流动性合理适度的最后保障。很多上市公司持有高额现金的原因之一就是缺乏流动性风险补救措施，害怕流动性风险发生。上市公司在发展过程中要重视流动性风险的存在。重视并不意味着惧怕。如果出现流动性支付困难，应制定合理的补救措施，低成本化解风险，保全自身实力，必要时能够做出“壮士断臂”的割舍，将部分资产变现，以便获得新的发展机遇。

流动性风险补救措施管理应注意几个重点问题：首先要事先制定“应急预案”，避免出现流动性支付问题时手忙脚乱。其次，要具备应急融资能力。应急融资能力不能靠“临时抱佛脚”，必须在日常进行培育，包括企业信誉建设、上下游企业关系疏通、金融机构借贷和担保业务培养等。另外，管理层的应变能力素质也是必不可少的。流动性风险的发生往往具有突变性特征，作为管理层，要能够沉着、敏捷地做出合理正确的判断，找出风险的症结所在，有的放矢地解决问题。一旦发生流动性危机，不能手足无措、坐以待毙，要利用各种内部和外部资源，及时有效地分散风险，融通资金，化解困难。

综上所述，公司流动性管理应从基础的流动性整体架构建设开始，贯彻渗透到流动性日常管理和风险补救措施的每一个环节，既要“谋全局”，又要“谋一役”。用完善的管理体系和预警机制，为上市公司的健康可持续发展提供有力的保障。

9.2.2 逐步规范外部环境

外部环境复杂多样，资本市场与经理人市场从流动性来源与管理层两方面对流动性管理提出挑战，深刻地影响着上市公司流动性管理的战略制定和实施效果。资本市场是上市公司流动性的主要来源，现实中的资本市场是不完善的，也正是资本市场的不完善使得公司流动性的价值得以体现。逐步规范我国资本市场，加强相关法律法规建设，从外部环境上保障融资渠道的畅通，可以从客观上避免公司流动性问题的出现。流动性管理控制战略的科学制定和执行是公司股东利益最大化的要求，在具体实施效果上却是由管理层主观意志来直接决定的，管理层事实控制的上市公司更是如此。活跃的经理人市场通过对管理者过去绩效的"事后处理机制"来有效控制代理成本，可以在一定程度促使管理者更多地考虑股东利益。如果企业管理者目前的绩效会影响其未来的工作机会，他就有动机减少以牺牲股东利益为代价的自利行为（Fama and Eugune F.，1980）。因此，培育活跃的、健康的经理人市场，可以方便公司股东在管理者不称职时对其进行替换，给管理者带来职位压力，促进股东利益最大化的实现。

9.3 研究中的不足与未来研究展望

限于资料的可得性和本人的研究能力，针对这一选题的研究存在一些不足，主要有以下几个方面：

（1）公司流动性影响因素复杂多样，限于本人认识能力不足，研究中难免存在疏漏的地方，可能还有其他重要的因素未能包括在内，有待进一步探讨。

（2）公司流动性分层理论是本书的创新点之一，体系构成还较欠缺，需要更多更深入的扩展研究来支持和改进。

（3）在宏观影响因素部分，缺乏详细的国际间比较数据。

（4）在企业内部因素的实证研究中，变量选择的准确性和全面性有待实践的验证。

与公司流动性有关的问题还有很多，值得进一步深入研究。比如公司流动性分层理论、公司流动性与收益性的关系、公司流动性与自由现金流量的关系、流动性对公司可持续发展的影响、公司流动性控制等，这也正是本人以后的研究方向。

参考文献

[1] 常中阳，唐万生．公司增长机会与债务融资特征[J]．西安电子科技大学学报：社会科学版，2004，(14) 4：47－52.

[2] 车嘉丽．企业财务危机管理中的流动性满足 [J]．统计与决策，2005 (8 下)：104－106.

[3] 陈红明．自由现金流量代理成本假说实证检验——基于随意性支出角度 [J]．理财者，2005 (3)：27－34.

[4] 陈静．上市公司财务恶化预测的实证分析 [J]．会计研究，1999 (4)：31－38.

[5] 陈霞．企业现金流风险控制研究 [J]．企业活力，2005 (4)：46－47.

[6] 陈霞．负债与流动性：抑制还是协同 [J]．经济经纬，2008 (1)：86－89.

[7] 陈霞．流动性、自由现金流量及盈利性关系探析和实证研究 [J]．贵州财经学院学报，2008 (2)：25－29.

[8] 陈霞．“杠杆”四象限调整搭配研究——基于稳健财务

思想［J］．山西财经大学学报，2008（3）：120－124.

［9］陈霞．上市公司流动性因素管理分析［J］．中州学刊，2008（5）：72－74.

［10］陈霞，干胜道．上市公司流动性选择的影响因素分析［J］．财会月刊，2007（11）：89－91.

［11］陈信元，陈冬华，时旭．公司治理与现金股利：基于佛山照明的案例研究［J］．管理世界，2003（8）：118－126.

［12］陈志斌，韩飞畴．基于价值创造的现金流管理［J］．会计研究，2002（12）：45－50.

［13］程建伟．上市公司大股东非经营性资金占用影响因素的实证研究［J］．南京审计学院学报，2007，4（1）：53－57.

［14］程颖，刘翰林．自由现金流量产生的代理成本分析［J］．经济与管理，2004（7）：79－80.

［15］储一昀，王安武．上市公司盈利质量分析［J］．会计研究，2000（9）：31－36.

［16］戴维·贝赞可，戴维·德雷诺夫，马克·尚利．公司战略经济学［M］．武亚军，译．北京：北京大学出版社，1999.

［17］德雷普，等．零度管理［M］．李加强，译．北京：中信出版社，2003.

［18］邓剑琴，朱武祥．战略竞争、股权融资约束与高负债融资［J］．经济学季刊，2006，（5）4.

［19］范霍恩．财务管理与政策教程［M］．宋逢明，等，译．北京：华夏出版社，2000.

［20］方慧，熊轶伟．“零”的追求——试论现代管理会计观念的更新［J］．会计之友，1995（5）：16－17.

［21］符容，黄继东，干胜道．自由现金流理论研究综述：发展与应用［J］．经济与管理研究，2006（12）：5－10.

［22］干胜道．所有者财务：一个全新的领域［J］．会计

研究，1995（6）：17－19.

［23］干胜道．所有者财务论——对一个新财务范畴的探索［M］．成都：西南财经大学出版社，1998.

［24］干胜道，郭敏．我国企业资金安全控制问题研究［J］．四川大学学报：哲学社会科学版，2006（3）：58－62.

［25］干胜道．企业资金安全性控制研究：基于信息不对称的分析框架［M］．大连：东北财经大学出版社，2006.

［26］葛家澍，占美松．企业财务报告分析必须着重关注的几个财务信息［J］．会计研究，2008（5）：3－9.

［27］葛奇，霍团结，黄晓军．美国商业银行流动性风险和外汇风险管理［M］．北京：中国经济出版社，2001.

［28］郭复初．财务专论［M］．上海：立信会计出版社，1998.

［29］郭丽虹，金德环．企业投资与企业的流动性——基于中国制造业的面板数据分析［J］．财经研究，2007（3）：123－133.

［30］洪锡熙，沈艺峰．我国上市公司资本结构影响因素的实证分析［J］．厦门大学学报：哲学社会科学版，2000（3）：114－120.

［31］侯晓红．大股东对上市公司掏空与支持的经济学分析［J］．中南财经政法大学学报，2006（5）：120－125.

［32］胡国柳，刘宝劲，马庆仁．上市公司股权结构与现金持有水平关系的实证分析［J］．财经理论与实践，2006（4）：39－44.

［33］胡庆康．现代货币银行学教程［M］．上海：复旦大学出版社，2004.

［34］黄国良，林爱梅，蒋卫冬．企业破产预警模型研究［J］．煤炭经济研究，1999（11）：11－15.

［35］黄少安，张岗．中国上市公司股权融资偏好分析［J］．经济研究，2001（11）：13－20，27.

［35］黄玉龙．大股东行为机理研究［J］．哈尔滨商业大学学报：社科版，2007（2）：126－128.

［36］黄志忠．财务信息与证券市场：经验的分析［M］．大连：东北财经大学出版社，2003.

［37］黄之骏，王华．经营者股权激励与企业价值——基于内生性视角的理论分析与经验证据［J］．中国会计评论，2006，4（1）：29－58.

［38］姜宝强，毕晓方．超额现金持有与企业价值的关系探析——基于代理成本的视角［J］．经济与管理研究，2006（12）：49－55.

［39］姜付秀，刘志彪．行业特征、资本结构与产品市场竞争［J］．管理世界，2005（10）：74－81.

［40］姜秀珍，陈俊芳．现金流量投融资行为与企业价值研究［J］．价格理论与实践，2003（3）：57－58.

［41］蒋殿春．中国上市公司资本结构和融资倾向［J］．世界经济，2003（7）：43－53.

［42］金雪军，王利刚．信息不对称下公司流动性偏好的理论与经验［J］．山西财经大学学报，2005（6）：62－65.

［43］肯尼斯·汉克尔，尤西·李凡特．现金流量与证券分析：基于自由现金流量的投资估价方法［M］．刘英，张凯，译．北京：华夏出版社，2001.

［44］况学文，彭迪云．市场择时、大股东控制与现金持有量研究［J］．山西财经大学学报，2008，（30）4：112－120.

［45］李秉成．企业财务困境研究——上市公司财务困境实证分析［M］．北京：中国财政经济出版社，2004.

［46］李嘉明，李松敏．我国上市公司的资产质量与企业绩

效的实证研究［J］. 经济问题探索，2005（4）：104－107.

［47］李青原，陈晓，王永海. 产品市场竞争、资产专用性与资本结构——来自中国制造业上市公司的经验证据［J］. 金融研究，2007（4）：100－113.

［48］李亚鲁. 刍议营运资本管理与策略［J］. 华北科技学院学报，2006（3）：104－108.

［49］李增泉，孙铮，王志伟. "掏空"与所有权安排——来自我国上市公司大股东资金占用的经验证据［J］. 会计研究，2004（12）：3－13.

［50］李雅珍，资本结构理论与企业最佳资本结构的确定［J］. 数量经济技术经济研究，2001（4）：69－71.

［51］刘昌国. 公司治理机制、自由现金流量与上市公司过度投资行为研究［J］. 经济科学，2006（4）：50－58.

［52］刘海龙，仲黎明. 证券市场流动性风险管理［M］. 上海：上海交通大学出版社，2006.

［53］刘建青. "零"的追求——企业财务管理新理念［J］. 兰州商学院学报，2003，19（1）：90－93.

［54］刘汝军. 论企业流动性风险管理［J］. 对外经贸财会，1998（1）：6－7.

［55］刘志彪，姜付秀，卢二坡. 资本结构与产品市场竞争程度［J］. 经济研究，2003（7）：60－68.

［56］林敏，干胜道. 企业财务目标的实现路径："做饼"还是"分饼"［J］. 财经科学，2006（4）：90－95.

［57］娄芳. 国外独立董事制度的研究现状［J］. 外国经济与管理，2001，（23）12：25－29.

［58］鲁百年. 全面企业绩效管理［M］. 北京：北京大学出版社，2005.

［59］卢俊. 资本结构理论研究译文集［M］. 上海：上海三

联书店，上海人民出版社，2003.

［60］卢斯·班德，凯斯·沃德．公司财务战略［M］．干胜道，等，译．北京：人民邮电出版社，2003.

［61］陆正飞．中国上市公司融资行为与融资结构研究［M］．北京：北京大学出版社，2005.

［62］陆正飞，叶康涛．中国上市公司股权融资偏好解析——偏好股权融资就是缘于融资成本低吗［J］．经济研究，2004（4）：50－59.

［63］罗福凯，车艳华．公司营运资本日常管理的改进——来自海信集团的管理实践和经验［J］．财会通讯：综合版，2006（7）：28－30.

［64］罗琦，肖文翀．“对冲”工具抑或“壕沟”工具——中国上市企业现金持有动机的经验证据［J］．武汉金融，2007（8）.

［65］罗伯特·希金斯．财务管理分析［M］．沈艺峰，等，译．北京：北京大学出版社，2004.

［66］吕长江，徐丽莉，周琳．上市公司财务困境与财务破产的比较分析［J］．经济研究，2004（8）：64－73.

［67］吕长江，赵岩．上市公司财务状况分类研究［J］．会计研究，2004（11）：53－61.

［68］李增泉．激励机制与企业绩效——一项基于上市公司的实证研究［J］．会计研究，2000（1）：24－30.

［69］马克思．资本论：1卷［M］．北京：人民出版社，1975.

［70］迈克尔·波特．竞争战略［M］．陈小悦，译．北京：华夏出版社，2001.

［71］毛付根．论营运资金管理的基本原理［J］．会计研究，1995（1）：38－40.

[72] 茅宁. 企业财务流动性分析的新思路 [J]. 经济科学, 1995 (5): 40-44.

[73] 毛道维. 政府信任、企业信用结构及其相关性的经验研究 [J]. 财经科学, 2000 (10): 24-31.

[74] 彭白颖. 最终控制股东控制权与现金流权偏离的实现机制 [J]. 工业技术经济, 2006 (10): 74-76.

[75] 彭桃英, 周伟. 中国上市公司高额现金持有动因研究——代理理论抑或权衡理论 [J]. 会计研究, 2006 (5): 42-49.

[76] 彭方平, 王少平. 我国货币政策的微观效应 [J]. 金融研究, 2007 (9): 31-41.

[77] 邱英, 干胜道. 基于可持续发展观的企业财务政策选择研究 [J]. 生态经济, 2005 (4): 58-61, 69.

[78] 全林, 姜秀珍, 陈俊芳. 不同公司规模下现金流量对投资决策影响的实证研究 [J]. 上海交通大学学报, 2004 (3): 355-358.

[79] 保罗·萨缪尔森, 威廉·诺德豪斯. 经济学 [M]. 萧琛, 译. 北京: 华夏出版社, 2002.

[80] 沈艺峰, 田静. 我国上市公司资本成本的定量研究 [J]. 经济研究, 1999 (11): 62-68.

[81] 宋献中, 高志文. 资产质量反映盈利能力的实证分析 [J]. 中国工业经济, 2001 (4): 78-80.

[82] 苏武康. 中国上市公司股权结构与公司绩效 [M]. 北京: 经济科学出版社, 2003.

[83] 宋剑峰. 净资产倍率、市盈率与公司的成长性——来自中国股市的经验证据 [J]. 经济研究, 2000 (8).

[84] 谭振江. 企业资金流动性风险管理 [J]. 辽宁经济管理干部学院学报, 2000 (4): 14-16.

[85] 谭云清，韩忠雪，朱荣林．产品市场竞争的公司治理效应研究综述 [J]．外国经济与管理，2007 (1)：54 -59.

[86] 汤谷良．财务控制新论——兼论现代企业财务控制的再造 [J]．会计研究，2000 (3).

[87] 汤姆·科普兰，等．价值评估——公司价值的衡量和管理 [M]．贾辉然，等，译．北京：中国大百科全书出版社，1998.

[88] 唐国正，刘力．利率管制对我国上市公司资本结构的影响 [J]．管理世界，2005 (1)：50 -58.

[89] 唐跃军，谢仍明．大股东制衡机制与现金股利的隧道效应——来自 1999—2003 年中国上市公司的证据 [J]．南开经济研究，2006 (1)：60 -78.

[90] 唐宗明，蒋位．大股东控制：中国上市公司实证研究 [M]．上海：上海交通大学出版社，2005.

[91] 陶世隆．公平披露规则与证券市场透明度 [J]．管理世界，2002 (1)：137 -138.

[92] 王斌．利润与现金——从差异到控制 [M]．杭州：浙江人民出版社，2001.

[93] 王化成，佟岩．控股股东与盈余质量——基于盈余反应系数的考察 [J]．会计研究，2006 (2)：66 -74.

[94] 王辉，李广涛．证券市场流动性理论综述 [J]．集团经济研究，2006 (11 下)：198 -199.

[95] 王竹泉，逄咏梅，孙建强．国内外营运资金管理研究的回顾与展望 [J]．会计研究，2007 (2)：85 -90.

[96] 王竹泉，刘文静，高芳．中国上市公司营运资金管理调查：1997—2006 [J]．会计研究，2007 (12)：69 -75.

[97] 王京芳．美国公司财务管理的职能和组织分工 [J]．会计研究，1992 (3)：58 -61.

[98] 王娟，杨凤林．基于现金流的现代资本结构研究的最新进展［J］．国际金融研究，2002，24（1）：27－30.

[99] 王萍．财务报表分析［M］．北京：清华大学出版社，2004.

[100] 王润俊．美、日公司治理结构的比较及其对我国企业改革的借鉴［J］．财经问题研究，1999（1）：44－63.

[101] 王展翔．流动性与公司财务政策的选择［J］．财会通讯：学术版，2005（3）：90－92.

[102] 汪平．现金流转与企业发展［J］．会计研究，1995（5）：41－43.

[103] 吴晓求．中国上市公司：资本结构与公司治理［M］．北京：中国人民大学出版社，2003.

[104] 武晓玲，詹志华，张亚琼．我国上市公司现金持有动机的实证研究——基于资本市场信息不对称的视角［J］．山西财经大学学报，2007（11）：88－93.

[105] 小谢弗．现金流量精要［M］．于东智，谷立日，译．北京：中国人民大学出版社，2004.

[106] 肖珉．自由现金流量、利益输送与现金股利［J］．经济科学，2005（2）：67－76.

[107] 肖作平，吴世农．我国上市公司资本结构影响因素实证研究［J］．证券市场导报，2002（8）：39－44.

[108] 谢长儒，高德秋．现金流量表对企业理财行为及效果的影响［J］．商业研究，2000（10）：40－42.

[109] 谢军．股利政策、第一大股东和公司成长性：自由现金流理论还是掏空理论［J］．会计研究，2006（4）：51－57.

[110] 辛宇，徐莉萍．公司治理机制与超额现金持有水平［J］．管理世界，2006（5）：36－41.

[111] 许敏，王伟．上市公司产品市场竞争与资本结构选

择的实证分析［J］. 财会通讯：学术版，2006（2）：75－77.

［112］严鹏，夏新平，余明桂. 上市公司控股股东对资本结构影响实证研究［J］. 武汉理工大学学报：信息与管理工程版，2006，28（4）.

［113］杨海丛. 公司流动性与盈利性的关系研究［J］. 当代经济，2007（1下）：24－25.

［114］杨海丛. 我国上市公司持有流动性影响因素分析［J］. 经济师，2007（1）.

［115］杨雄胜. 营运资金与现金流量基本原理的初步研究［J］. 南京大学学报：哲学·人文科学·社会科学版，2000，37（5）：32－39.

［116］杨兴全，孙杰. 行业特征、产品市场竞争程度与上市公司现金持有量关系研究［J］. 审计与经济研究，2007，22（6）：99－103.

［117］杨兴全，孙杰. 公司治理机制对公司现金持有量的影响——来自我国上市公司的经验证据［J］. 商业经济与管理，2006（10）：75－80.

［118］阴留军. 营运资金持有与融资政策的确定［J］. 财会月刊，2001（18）：25－26.

［119］应惟伟. 经济周期对企业投资影响的实证研究［J］. 财政研究，2008（5）：30－34.

［120］袁卫秋. 我国上市公司的债务期限结构——基于权衡思想的实证研究［J］. 会计研究，2005（12）：53－58.

［121］袁业虎. 试析企业流动性风险与现金流量比率指标［J］. 审计与理财，1999（4）：28－29.

［122］袁国良，王怀芳. 股权激励的实证分析［J］. 资本市场，1999（10）：37－42.

［123］詹秀娟. 浅议零营运资本［J］. 财经界，2006（5）：

62－63.

［124］张凤，黄登仕．上市公司现金持有自利性动机的实证分析［J］．统计与决策，2007（2）：66－67.

［125］张华．上市公司财务流动性风险管理问题浅析［J］．金融理论与实践，2004（9）：62－63.

［126］张俊瑞．资产变现论［M］．大连：东北财经大学出版社，1999.

［127］张俊瑞，刘录敬．上市公司会计收益与现金流量的相关性研究——来自中国证券市场的考察［J］．中国经济评论：中文版，2002（3）：46－52.

［128］张人骥，刘春江．股权结构、股东保护与上市公司现金持有量［J］．财贸经济，2005（2）：3－9.

［129］张羽，张小利．房地产行业上市公司流动性分析［J］．上海立信会计学院学报，2007（3）：47－50.

［130］赵涛，郑祖玄．上市公司的过度融资［M］．北京：社会科学文献出版社，2005.

［131］赵艳芳．现金流量的管理说与信息说的比较分析［J］．财经研究，1998（1）：35－37.

［132］郑江淮，何旭强，王华．上市公司投资的融资约束：从股权结构角度的实证研究［J］．金融研究，2002（11）：92－99.

［133］钟田丽，范宇．上市公司产品市场竞争程度与财务杠杆的选择［J］．会计研究，2004（6）：73－77.

［134］周勤，徐捷，程书礼．中国上市公司规模与债务融资关系的实证研究［J］．金融研究，2006（8）：41－55.

［135］周晓芳，朱德胜．股权结构、财务绩效与现金股利［J］．当代财经，2006（5）：108－110，115.

［136］朱武祥，陈寒梅，吴迅．产品市场竞争与财务保守

行为——以燕京啤酒为例的分析［J］. 经济研究，2002（8）.

［137］朱元午．企业集团财务理论探讨［M］. 大连：东北财经大学出版社，1999.

［138］周自阳．商业银行流动性研究综述［J］. 现代商业工贸，2008（2）：145－146.

［139］Gabriel Hawawini，Claude Viallet. 经理人员财务管理——创造价值的过程［M］. 王全喜，等，译．北京：机械工业出版社，2000.

［140］Athey M. J.，Laumas P.. Internal Funds and Corporate Funds in India［J］. Journal of Development Economics，1994，45（2）：287－303.

［141］Amihud Y.，Mendelson. Asset Pricing and the Bid-ask Spread［J］. Financial Economic，1986（17）：223－249.

［142］Almeida H.，Campello M.. Financial Constraints and Investment-Cash Flow Sensitivities：New Research Directions［R］. Working Paper，SSRN，2002.

［143］Baxter N. D.，J. G. Cragg. Corporate Choice Among Long-term Financing Instrument［J］. Review of Economics and Statistics，1970（52）：225－235.

［144］Berle A. and Means G.. The Modern Corporation and Private Property. New York：Brace and World，1932.

［145］Black F.. Towards a Fully Automated Exchange：Part 1［J］. Fiuaucial Analyst Journal，1971（27）：29－34.

［146］Bhattacharya S.. Imperfect Information，Dividend Policy，and "the Bird in the Hand" Fallacy［J］. Bell Journal of Economics，1979，85（3）：259－270.

［147］Biais B.. Price Information and Equilibrium Liquidity in Fragmented and Centralized Markets［J］. Journal of Finance，March

1993, 48 (1): 157 -85.

[148] Bernhard Schwetzler, Carsten Reimund. Valuation Effect of Cash Holdings: Evidence from Germany [R]. Jahnallee. Working Paper, 2004.

[149] Blanchard O. J. , F. Lopez-de-Silanes, A. Shleifer. What do Firms Do with Cash Windfalls [J]. Journal of Financial Economics, 1994 (36): 337 -360.

[150] Boyle G. W. , G. A. Guthrie. Investment, Uncertainty and Liquidity [J]. Journal of Finance, 2003 (58): 2143 -2166.

[151] Booth L. , V. Aivazuan, A Demirguc-kunt, V Maksimovic. Capital Structure in Developing Countries [J]. Journal of Finance, 2001 (56): 87 -130.

[152] Brander and Lewis, Oligopoly and Financial Structure: The Limited Liability Effect [J]. American economic review, 1986, (76): 956 -970.

[153] Baker Malcolm, Jeffrey Wurgler. Market Timing and Capital Structure [M]. Journal of Finance, 2002.

[154] Christie A.. Equity Risk, The Opportunity Set, Production Costs and Debt [R]. Working Paper, University of Rochester, Rochester, NY, 1989.

[155] Chow C. K. W. , M. K. Y. Fung. Ownership Structure, Lending Bias, and Liquidity Constraints: Evidence from Shanghai's Manufacturing Sector [J]. Journal of Comparative Economics, 1998 (26): 301 -316.

[156] Chang S. K. , David C. M. , Ann E. Sherman. The Determinants of Corporate Liquidity: Theory and Evidence [J]. Journal of Financial and Quantitative Analysis, 1998, 33 (2).

[157] Claessens S. , Djankov S. , Lang L. . The Separation of

Ownership and Control in East Asian Corporations [J]. Journal of Financial Economics, 2000, (58): 81 -112.

[158] Couderc N.. Corporate Cash Holdings: Financial Determinants and Consequences [R]. SSRN Working Papers, 2004.

[159] Claessens S., Simeon Djankov, Joseph Fan, Larry Lang. Expropriation of Minority Shareholders in East Asia [R]. World Bank CEI Working Paper Series, 1999.

[160] Chung K. and Charoenwong C.. Investment Options, Assets in Place, and the Risk of Stocks [J]. Financial Management, 1991 (20): 21 -33.

[161] Demsetz H. The Cost of Transaction [J]. Quarterly Journal of Economics, 1968 (82): 33 -53.

[162] Dittmar A., Mahrt Smith J.. Corporate Governance and the Value of Cash Holdings [J]. Journal of Financial Economics, 2007 (83): 599 -634.

[163] Dittmar A., Mahrt Smith J., Servaes H.. International Corporate Governance and Corporate Cash Holdings [J]. Journal of Financial and Quantitative Analysis, 2003 (38): 111 -134.

[164] Demsetz H., K. Lehn. The Structure of Corporate Ownership: Causes and Consequences [J]. Journal of Political Economy, 1985 (93): 1155 -1177.

[165] Devereux M., Schiantarelli F.. Investment, Financial Factors, and Cash Flow: Evidence from UK Panel Data [J]. Journal of Financial Economics, 1990, 22 (1): 79 -102.

[166] Eisenberg T., S. Sundgren and M. Wells. Larger Board Size and Decreasing Firm Value in Small Firms [J]. Journal of financial economics, 1998 (48): 35 -54.

[167] Fama E., Jensen M.. Separation of Ownership and Con-

trol [J]. Journa of Law and Economics, 1983 (26): 301 - 325.

[168] Fama, Eugune F. Agency Problems and the Theory of the Firm [J]. Journal of Political Economy, 1980 (21): 134 - 145.

[169] Faleye O.. Cash and Corporate Control [R]. working paper, SSRN, 2001.

[170] Fosberg R. H.. Outside Directors and Managerial Monitoring [J]. Akron Business and Economic Review, Summer 1989, 20 (2): 24 - 32.

[171] Fee C. E. and Charles J. Hadlok. Management Turnover and Product Market Competition—Empirical Evidence from the U. S. Newspaper Industry [J]. The Journal of Business, 2000 (2): 205 - 243.

[172] Faulkender M. W.. Cash Holding Among Small Business [R]. Washington University, St. Louis, SSRN, Working Papers, 2002.

[173] Faccio M., Lang L. H. P.. The Ultimate Ownership of Western European Corporations [J]. Journal of Financial Economics, 2002 (65): 365 - 395.

[174] Glen J.. An Introduction to the Microstructure of Emerging Markets [R]. International Finance Corporation Discussion Paper, Washington D C, 1994.

[175] Gorton G., G. Pennacchi. Financial Intermediaries and Liquidity Creation [J]. Journal of Insurance, 1990 (45): 49 - 71.

[176] Goyal V. K., Lehn K., Racic S.. Growth Opportunities and Corporate Financial Policies: The Case of the US Defense Industry [J]. Journal of Financial Economics, 2002 (64): 35 - 59.

[177] Guney Y., Ozkan A., Ozkan N.. Additional International Evidence on Coporate Cash Holdings [R]. SSRN, working

paper, 2003.

[178] Gul Ferdinand A.. Free Cash Flow, Debt-monitoring and Managers´ LIFO/FIFO Policy Choice [J]. Journal of Corporate Finance, 2001, 7 (4): 475 -492.

[179] Grossman S. J. , Hart O. D.. Takeover Bids, the Free-rider Problem, and the Theory of the Corporation [J]. Bell Journal of Economics, 1980, 11 (1): 42 -66.

[180] Harris, Lawrence E.. Liquidity, Trading Rules, and Electronic Trading Systems [J]. Monograph Series in Finance and Economics, 1990 (4).

[181] Harford J.. Corporate Cash Reserves and Acquisitions [J]. The Journal of Finance, 1999 (54): 1969 -1997.

[182] Harford J. , Mansi S. A. , Maxwell W. F.. Corporate Governance and Firm Cash Holdings [R]. Working Paper, 2005.

[183] Haushalter D. , Klasa S. , Maxwell W. F.. The Influence of Pproduct Market Dynamics on A Firm's Cash Holdings and Hedging Behavior [J]. Journal of Financial Economics, 2007 (84): 797 -825.

[184] Hampton C. Hager. Cash Management and the Cash Cycle [J]. Management Accounting, 1976 (March): 19.

[185] Harris M. , A. Raviv. The Theory of Capital Structure [J]. Journal of Finance, 1991 (46): 297 -355.

[186] Harford J. , D. Hanshalter. Cash Flow Shocks, Investment, and Financial Constraint: Evidence from a Natural Experiment [R]. working paper, SSRN, 2000.

[187] Hirschman A.. Exit, Voice, and Loyalty: Responses to Decline in Firms, Organizations, and States. Cambridge: Harvard University Press, 1970.

[188] Holmstrom B., Tirole J.. Liquidity and Risk Management [J]. Journal of Money, Credit and Banking, 2000 (32): 295-319.

[189] Holmstrom B., Tirole J.. Private and Public Supply of Liquidity [J]. Journal of Political Economy, 1998 (106): 1-40.

[190] Investment: Evidence from Japanese Industrial Groups [J]. Quarterly Journal of Economics, 1991 (106): 33-60.

[191] Hyun Han Shin, Luc Soenen. Efficiency of Working Capital Management and Corporate Profitability [J]. Financial Practice and Education, 1998 (Fall, Winter): 37-45.

[192] Jensen M. C., Meckling W. H.. Theory of the Firm, Managerial Behavior, Agency Costs and Ownership Structure [J]. Journal of Financial Economics, 1976 (3): 305-360.

[193] Jensen M. C.. Agency Costs of Free Cash Flow, Corporate Finance and Takeover [J]. American Economic Review, 1986, 76 (2): 323-329.

[194] Jorge Farinha. Corporate Governance: A Survey of the Literature [R]. Universidade do Porto Economia Discussion Paper, November 2003.

[195] Johnson S., La Porta R., F. Lopez-de-Silanes, A. Shleifer. Tunneling [J]. American Economic Review, 2000 (90): 22-27.

[196] Jani E., Hoesli M., Bender A.. Corporate Cash Holdings and Agency Conflict [R]. SSRN Working Paper Series, 2004.

[197] Jones R. A., Ostroy J. M.. Flexibility and Uncertainty [J]. Review of Economic Studies, 1984 (51): 13-32.

[198] Kaplan S. N., L. Zingales. Do Investment-Cash Flow Sensitivities Provide Useful Measures of Financing Constraints? [J].

Quarterly Journal of Economics, 1997 (112): 169 -215.

[199] Kester. An Options Approach to Corporate Finance [J]. Handbook of Corporate Finance , 1986 (5): 5 -35.

[200] Kim, Sorensen. Evidence on the Impact of Agency Cost of Debt on Corporate Debt Policy [J]. Journal of Financial and Quantitative Analycis, 1992, 21 (02).

[201] Kovenock D. , Phillips G. M.. Capital Structure and Product Market Behavior: An Examination of Plant Exit and Investment Decisions [J]. Review of Financial Studies, 1997 (10): 767 -803.

[202] Kusnadi Y.. Corporate cash Holdings and Corporate Governance Mechanisms [R]. HongKong University of Science & Technology, SSRN Working Papers, 2003.

[203] Kumar. The Impact of Cash flow and Firm Size on Investment: the International Evidence [J]. Journal of Banking and Finance, 1998, 22 (2): 293 -320.

[204] K. Skogsvik. Current Cost Accounting Ratios as Predietors of Business Failure: The Swedish Case [J]. Journal of Business Finance and Accounting, 1990, 17 (1): 137 -160.

[205] Kyle A. S.. Continuous Auctions and Insider Trading [J]. Econometrica, 1985 (53): 1315 -1365.

[206] La Porta R. , Lopez-de-Silanes F. , Shleifer A. , and Vishny R.. Legal Determinants of External Finance [J]. Journal of Finance, 1997, 52 (3): 1131 -50.

[207] La Porta R. , Lopez - de-Silanes, F. , Shleifer A.. Corporate Ownership around the World [J]. Journal of Finance, 1999 (54): 471 -517.

[208] La Porta R, Lopez-de-Silanes F. , Shleifer A. , Vishny

R.. Law and Finance [J]. Journal of Political Economy, 1998 (106): 1113 - 1155.

[209] Lang L. H. P., Stulz R. M., Walkling R.. Managerial Performance, Tobin's q, and the Gains from Successful Tender Offers [J]. Journal of Financial Economics, 1989 (24): 137 - 154.

[210] Lippman S. A. and McCall J. J.. An Operational Measure of Liquidity [J]. The Americas Economic Review, 1986 (76): 175 - 203.

[211] Lipton Martin and Jay W. Lorsch. A Modest Proposal for Improved Corporate Governance [J]. Business Lawyer, 1992 (48): 59 - 77.

[212] Mitton T.. A Cross-Firm Analysis of the Impact of Corporate Governance on the East Asian financial crisis [J]. Journal of Financial Economics, 2002, (64): 215 - 241.

[213] Morck R., A. Shleifer, R. Vishny. Management Ownership and Market Valuation: An Empirical Analysis [J]. Journal of Financial Economics, 1988 (20): 293 - 315.

[214] McConnell J., H. Servaes. Additional Evidence on Equity Ownership and Corporate Value [J]. Journal of Financial Economics, 1990 (27): 595 - 612.

[215] Marc Deloof. Does Working Capital Management Affect Profitability of Belgian Firms? [J]. Journal of Business Finance and Ac-counting. 2003 (April/May): 573 - 587.

[216] Marchica M., Mura R.. Direct and Ultimate Ownership Structures in the UK: An Intertemporal Perspective over the Last Decade [J]. Corporate Governance, 2005 (13): 26 - 45.

[217] Medury P. V., L. E. Bowyer, V. Srinivason. Stock Repurchases: A Multivariate Analysis of Repurchasing Firms [J].

Quarterly Journal of Business and Economics 1992 (Winter): 21 -44.

[218] Mason S. P., Merton R. C.. The Role of Contingent Claims Analysis in Corporate Finance [J]. Recent Advances in Corporate Finance, 1985.

[219] Meyer J. and E. Kuh. The Investment Decision: An Empirical Study [J]. Harvard Economic Studies, 1957 (102).

[220] Modigliani F., Miller M.. The Cost of Capital, Corporation Finance and the Theory of Investment [J]. American Economic Review, 1958, 28 (2): 261 -297.

[221] Mikkelson H. Wayne, M. Megan Partch.. Managers′ Voting Rights and Corporate Control [J]. Journal of Financial Economics, 1989 (25): 263 -290.

[222] Mikkelson W. H. and M. Megan Partch. Do Persistent Large Cash Reserves Hinder Performance? [J]. Journal of Financial and Quantitative Analysis, 2003, 38 (2): 275 -294.

[223] Marsh, Paul. The Choice Between Equity and Debt: An Empirical Study [J]. The Journal of Finance 1982 (37): 121 - 144.

[224] Massimb M. N., Phelps B. D.. Electronic Trading, Market Structure and Liquidity [J]. Financial Analysts Journal, 1994 (50): 39 -50.

[225] Maksimovic V. and J. Zechner. Debt, Agency Costs and Industry Equilibrium [J]. Journal of Finance, 1991 (46): 1619 -1643.

[226] Miller M., Orr D.. A Model of the Demand for Money by Firms [J]. Quarterly Journal of Economics, 1966 (80).

[227] Mulligan C. B.. Scale Economies, the Value of Time,

and the Demand for Money: Longitudinal Evidence from Firms [J]. Journal of Political Economics, 1997 (105): 1061 -1079.

[228] Myers S. C.. Determinants of Corporate Borrowing [J]. Journal of Financial Economics, 1977 (5): 163.

[229] Myers S. C., Majluf N. S.. Coporate Financing and Investment Decisions When Firms Have Information That Investors Do not Have [J]. Journal of Finance, 1984, (13): 187 -221.

[230] Myers S. C.. The Capital Structure Puzzle [J]. Journal of Finance Economics, 1984 (39): 575 -592.

[231] Opler T., Sheridan Titman. Financial Distress and Firm Performance [J]. Journal of Finance, 1994 (40): 1015 -1040.

[232] Opler T., Pinkowitz L., Stulz R., Williamson R.. The Determinants and Implications of Corporate Cash Holdings [J]. Journal of Financial Economics, 1999 (52): 3 -46.

[233] Ozkan A., Ozkan N.. Corporate Cash Holdings: An Empirical Investigation of UK Companies [J]. Journal of Banking & Finance, 2004 (28): 2103 -2134.

[234] Pinkowitz L., Williamson R.. Bank Power and Cash Holdings: Evidence From Japan. papers. ssrn. com, 2001.

[235] Pinkowitz L., Stulz R. M., Williamson R.. What a Dollar Worth? The Market value of Cash Holdings [R]. Working Paper, 2005.

[236] Rain Raghuram, Luigi Zingales. What do We Know about Capital Structure? Some Evidence from International Date [J]. Journal of Finance, 1995 (50): 1421 -1460.

[237] Richards V. D., E. J. Laughlin. A Cash Conversion Cycle Approach to Liquidity Analysis [J]. Financial Management, 1980 (Spring).

[238] Schwartz R. A.. Equity Markets: Structure, Trading and Performance, New York: Harper and Row, 1988.

[239] Shleifer A., Vishny R.. A Survey of Corporation Governance [J]. Journal of Finance, 1997 (52): 737 -783.

[240] Shleifer A., Vishny R.. Large Shareholders and Corporate Control [J]. Journal of Political Economy, 1986 (94): 461 -488.

[241] Smith R. L., Joo-Hyun Kim. The Combined Effects of Free Cash Flow and Financial Slack on Bidder and Target Stock Returns [J]. The Journal of Business, 1994 (April): 281 -310.

[242] Smith Clifford W. J., Ross L. Watts. The Investment Opportunity Set and Corporate Financing, Dividend and Compensation Policies [J]. Journal of Financial Economics, 1992 (32): 263 -292.

[243] Stulz R. M.. Managerial Control of Voting Rights: Financing Policies and the Market for Corporate Control [J]. Journal of Financial Economics, 1988 (20): 25 -54.

[244] Teruel Pedro Juan, Pedro Martinez Solano. On the Determinants of SMEs Cash Holding: Evidence from Spain [R]. Working paper, 2004.

[245] Titman Sheridan and Wessels Roberto. The Determinants of Capital Structure Choice [J]. The Journal of Finance, March 1988, 43 (1): 1 -19.

[246] Vogt S.. The Cash Flow Investment Relationship: Evidence From US. Manufacturing Firms [J]. Financial Management, 1994 (23) : 3 -20.

[247] Volpin P., Governance with Poor Investor Protection: Evidence From Top Executive Turnover in Italy [J]. Journal of Fi-

nancial Economics, 2002 (64): 61-90.

[248] Yermack D.. Higher Market Valuation of Companies with a Small Board of Directors [J]. Journal of Financial Economics, 1996 (40): 185-211.

后　记

公司财务理论博大精深，成就了无数财务研究人追求探索之梦。我虽勤勉，所学仍不过一二，幸导师不嫌愚钝，经常点拨学术迷津，终在公司流动性方面有点滴收获。

回忆丙戌年，只身天府，负笈蓉城，求学之路，一波三折；心之雀跃，心之惶恐，拨云见日，终峰回路转，梦圆川大！

川大校训“海纳百川，有容乃大”，博大精深，受益不尽；三年苦读，精韧不怠，日进有功；我之同窗，三年而顺利毕业者十之有一，我忝列其中，不胜感慨！

求学之路，学术之旅，心之怅惘，心之快慰，或苦或乐，无不深刻，无不铭心；我之成绩，非己独成，师友之恩，家人之情，感动至深！

毕业之初，如释重负，顿感轻松；经年之后，心感茫然，学术之旅，岂敢不勤？岁月流转，感悟颇多，此书付梓，以谢师友，以谢家人，以励我心！

感谢之首，乃我师干胜道教授。老师之睿智、渊博与严谨，不断给我灵感，予我鞭策，引我前行，使我时常体会到拨云见日之意境和学术研究之乐趣；老师之宽厚、豁达与教诲，不断给学生信心，予学生勇气，助我进步，并享受到逾越困境之快乐和超越自我之成就感。忆读博期间，我辈同门，或于教室，或于老师家，或于茶馆，聆听老师指导，探讨学术难题，笑谈时事热点，交流人生感悟，此情此景，犹在昨日。导师于百忙之中欣然为本书作序，尤令学生感动！

在博士论文答辩之时，西南财经大学博士生导师郭复初教授、彭韶兵教授、向显湖教授，四川大学博士生导师毛道维教授，西南交通大学博士生导师黄登仕教授等前辈专家，对论文给予了充分的肯定，并提出了颇有价值的建议和意见。郭老师德高望重，乃我导师之师，其知识之渊博，治学之严谨，在古稀之年仍诲人不倦，对晚辈不吝指导，令我敬仰。各位老师之意见和建议，使本书能够更加完善，在此表示诚挚的感谢！

我的博士论文还得到了天津财经大学田昆儒教授、中国人民大学宋常教授、东北财经大学刘明辉教授、复旦大学张文贤教授、南京大学冯巧根教授的审阅、评价、指正和帮助，在此深表谢意！

本书在写作过程中，参考和引用了大量国内外文献。这些文献资料乃我写作之坚实基础，并给我以启迪，开阔我的思路，丰富我的研究内容，在此向这些学者和专家一并表示感谢！

西南财经大学冯建教授在本书出版过程中，给予支持与鼓励，终使拙著付梓成书，在此深表谢意！

我的家人，在我求学期间，无怨无悔为我付出，使我得一方清净，致力于学业。忆读博期间，我家先生，工作、家庭一肩挑，还时常宽我心怀，鼓励我坚持进取；爱女雪儿，乖巧懂事，慰我心怀。无论过去、现在还是未来，亲人之爱，乃是我前行的力量源泉！

博士论文乃本书之基础，囿于日常事务，并未做过多修改，乃决心付梓出版，一为谢我师友之恩、家人之情，二为总结过去、了我心愿，三为明我心智、励我前行。拙著探讨了有关公司流动性财务理论和多元性持有动机，从宏观因素、行业因素和企业内部特征因素三个层面研究了影响上市公司流动性的因素，并根据分层理论构建了流动性管理体系和预警机制。

虽然我不断努力，但相信书中仍有诸多不成熟和不完善之处。恳请读者不吝批评指正，以便研究的进一步深入。

陈霞

2012 年 8 月 18 日